貨幣政策、制度缺陷、經濟風險……在債務風暴

灰犀牛來襲
全球經濟風暴中的槓桿真相

智本社 著

剖析當代全球經濟中的債務問題

各國在不同金融和政策環境中如何應對債務問題？
制度背景、貨幣和銀行系統如何影響並引發債務危機？

The
Gray Rhino

理論分析 ＋ 實證研究　解析債務問題的深層根源與多層次影響

目錄

序　追問

前言

債務經濟
  泡沫經濟是債務經濟　　　　　　　　　012

  債務危機是貨幣危機　　　　　　　　　026

  地產名企債務困境　　　　　　　　　　042

債務時代
  債務危機成因：負利率與高槓桿　　　　050

  結構性分析：通膨與通縮　　　　　　　067

  全球經濟正加速日本化　　　　　　　　083

  日本經濟之路：從泡沫危機到債務風險　102

  英國金融風險：減稅、赤字與英鎊　　　118

目錄

美元週期
何謂「美元霸權」? 138
新興市場國家瀕臨貨幣危機 152
斯里蘭卡為何「爆雷」? 166
美國會爆發債務危機嗎? 182

觀歷史
一部債務與破產的政治史 200
回顧百年經濟危機史 226

大家治學
政治家,凱因斯 264

序　追問

在這個時代，提出一個好問題比解惑更為珍貴。

2008年以來，我們經歷了什麼？金融危機、債務危機、政治民粹運動、貿易摩擦及逆向全球化、COVID-19疫情大流行、史詩級股災、供應鏈危機、生育率斷崖式下降及人口危機、國家衝突及戰爭、能源危機、糧食危機、國際秩序崩壞……世界，正滑入「馬爾薩斯災難」嗎？

每一個大問題都攸關人類的前途和個人的處境。但是，現代人追問能力的退化及網路傳播下資訊的泛濫，讓問題變得複雜與神祕。

金融危機為何爆發，是美國聯準會升息所致還是降息所致？是葛林斯潘（Alan Greenspan）的問題還是聯準會的問題？是聯準會的政策問題還是制度問題？是監督制度問題還是全球央行及法定貨幣制度問題？全球央行及法定貨幣制度問題的本質又是什麼？貨幣理論是否有問題？

顯然，後危機時代，我們並未深刻意識到這些問題，以致金融體系不可挽回地惡化，貨幣淪為「公地悲劇」（Tragedy of the commons）。集體行動如何避免「公地悲劇」？國家組織扮演了進步角色還是成為始作俑者？國家為何陷入「諾斯悖論」？

法國大革命後，民族主權國家成為人類進步的重要力量，

序　追問

國家現代化已是大勢所趨。在全球化時代，民族主權國家與經濟全球化是否會產生矛盾？當下，國家衝突是否與這一矛盾有關？全球化的認知是否有誤？未來，國家組織如何演變？

為何有些國家經濟成長快，有些國家則陷入停滯？為何有些國家的經濟成長快但家庭財富卻成長慢？這種經濟成長模式是否可持續？當貨幣增速長期大於經濟增速時，經濟將走向何方？當經濟增速長期大於家庭收入增速時，經濟又將如何演變？

貧富不均是這個時代不可迴避的問題。貧富差距的原因是什麼？正當性和不正當性在何處？貨幣政策是否加劇了不平等？福利主義是否破壞了公平競爭？

人口危機又是一大社會焦慮。生育率下降的合理因素是什麼？

生育是否是必需品？額外因素是否增加了生育成本？高齡化的問題是養老問題、成長問題還是制度問題？通貨膨脹、公共養老制度是否惡化了養老問題？

困惑，亦是我寫下百萬字且繼續寫作的動力。長期以來，我追問的線索是經濟學的思維，即個人經濟行為。不過，經濟學「埋雷」無數，同樣需要不停地追問。

追問不止，筆耕不息。智本社，與思想者同行。

清和

前言

　　債務危機是當代經濟危機的重點，也是困擾著全球經濟發展的「幽靈」。想要了解經濟危機，對債務危機的研究非常重要。本書正是選擇將債務危機作為研究主題。債務危機是怎樣演變形成的？債務風險是否可控？何種制度可以有效避免債務危機？為何拉美國家屢屢遭遇主權債務危機？在這一探索過程中，還涉及銀行制度、貨幣制度、財政約束等重要問題。

　　全書共分為五章，包括「債務經濟」、「債務時代」、「美元週期」、「觀歷史」和「大家治學」。「債務經濟」這一章包含三篇文章。

　　〈泡沫經濟是債務經濟〉以經濟學家歐文‧費雪（Irving Fisher）的「債務螺旋」理論闡述了債務螺旋產生的過程，引用奧地利學派的景氣循環理論來解釋為何市場利率的調節未能抑制債務危機的爆發。

　　〈債務危機是貨幣危機〉則討論了債務危機的根源、邏輯。首先從中央銀行制度和法定貨幣制度的形成歷史和基本邏輯來探討債務危機的根源，其中提到了《1844年銀行特許狀法令》的歷史影響作用；其次結合現實案例探索債務危機的演變；最終從貨幣及銀行制度討論解決方案。

　　〈地產名企債務困境〉一文從現實案例出發，研究知名地產

前言

企業爆發債務危機的原因、過程。

第二章為「債務時代」，包含五篇文章，分別如下：

〈債務危機成因：負利率與高槓桿〉一文聚焦 2008 年金融危機爆發後西方國家央行所採取的低利率、零利率政策及其現實後果。

〈結構性分析：通膨與通縮〉討論了當今世界經濟的結構性通膨現象，譬如資本市場通膨，消費市場通縮；並引入財政制度的視角進一步探索當今世界經濟的結構性通膨——通縮的根本原因。

〈全球經濟正加速日本化〉與〈日本經濟之路：從泡沫危機到債務風險〉研究了日本經濟發展問題。〈全球經濟正加速日本化〉介紹了日本過去十多年來經濟發展的一種現象，即：低成長、低通膨、高債務。以日本經濟發展的案例作為參考，關注其貨幣政策、福利支出上的公地悲劇問題。〈日本經濟之路：從泡沫危機到債務風險〉一文則完整探討了日本的資產全球化過程，去泡沫過程也是資產重新估值的過程，這一過程中日本的技術更新發揮著舉足輕重的作用。

2022 年 9 月，英國政府頒布的一項減稅計畫引發了英國股市、債市、匯市的巨大震盪，〈英國金融風險：減稅、赤字與英鎊〉一文便以此為切入點，以經濟學框架討論大規模減稅是否會引發通貨膨脹，進一步分析英國資產市場動盪的現實原因。同時將 2022 年特拉斯（Elizabeth Truss）推行的此項減稅計畫與

1980年代初柴契爾夫人（Margaret Thatcher）實施的減稅政策進行對比，兩項總體經濟政策有著不同的經濟背景和運作方式。

第三章「美元週期」包含四篇文章：〈何謂「美元霸權」？〉一文從貨幣理論出發剖析美元霸權，從貨幣的公共財角度分析美元價值變動對其他國家產生的影響，重點關注美元的公共費用問題，由此探討解決方案。

〈新興市場國家瀕臨貨幣危機〉主要關注2021年3月土耳其的貨幣里拉崩盤，進而引發國家債務危機的事件。這篇文章集中討論了多個拉美國家的週期性債務危機及貨幣危機爆發始末、國內高通膨表現，外部受聯準會緊縮週期的衝擊影響，內部則顯示了新興市場國家以外債拉動型的經濟成長的脆弱性。

〈斯里蘭卡為何「爆雷」？〉同樣是一篇關注國家債務危機的文章。2022年4月，斯里蘭卡總統宣布國家進入緊急狀態。本文研究斯里蘭卡在安全、新冠疫情危機衝擊下發生財政危機進而引發的主權債務危機，不僅關注聯準會緊縮週期，還關注斯里蘭卡的戰爭舉債、財政約束等現實困境與制度背景。

〈美國會爆發債務危機嗎？〉以美國債務上限為引，透過追溯美國債務上限這一制度的歷史背景進行現實分析。此外，現實程序裡美國債務上限還往往與美國政黨博弈掛鉤。這篇文章最後還論及財政預算發行、貨幣的軟約束問題。

本書的最後兩章為固定類專題：「觀歷史」與「大家治學」。

序　追問

　　面對不斷累積的債務，破產法是一道安全防火線。〈一部債務與破產的政治史〉回顧歷史，追溯到18世紀美國破產法的演進過程，思考其中原則。〈回顧百年經濟危機史〉則回顧了西方經濟史中的數次經濟危機，每一次經濟危機都彰顯了當下的公司制度、金融制度、貨幣制度的風險漏洞，應引起重視。

　　本章的「大家治學」介紹了大名鼎鼎的經濟學家約翰・梅納德・凱因斯（John Maynard Keynes）。凱因斯的《就業、利息和貨幣的一般理論》(The General Theory of Employment, Interest, and Money) 對古典經濟學來說是一場革命，他提出的政府市場干預正合時宜。「二戰」後的二十多年，凱因斯主義統治了主流經濟學界和歐美經濟決策部門。

　　但是，用「干預主義」這一標籤去解讀凱因斯是不全面、不客觀的。本文結合凱因斯生平經歷、所處時代背景、理論學界的記錄，還原歷史上的凱因斯。

　　最後，期望讀者能夠在本書中獲得知識與樂趣，以經濟學的思維思考工作和生活中的現象與問題。本書如有疏漏之處，還望讀者給予批評指正。

債務經濟

　　債務與資產，看似對立，卻也可以相互置換。在抵押制度下，債務是有效的資產利用，資產是債務的信用之錨。

　　但當債務螺旋產生時，債務清償導致資產價格螺旋式塌縮，債務危機隨即爆發。每一場經濟危機，似乎都有債務螺旋加速的作用。

　　當今世界，債務猶如幽靈一樣飄浮在全球經濟上空。錯誤的制度（政策）導致了利率扭曲，飼養了「經濟巨嬰」。個體、企業乃至國家，建立多寬的「護城河」，才能避免信用坍塌？

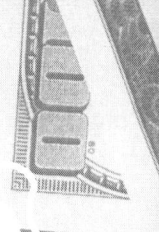

債務經濟

泡沫經濟是債務經濟

債務風險像一柄達摩克利斯之劍（Sword of Damocles）懸在世界經濟的上空。與其說它是「黑天鵝」，不如說是「灰犀牛」。它是可預見、大機率且影響巨大的潛在危機。房地產貸款、消費信貸及政府債務，一直是被官方和學界警示的「灰犀牛」。如何阻止「灰犀牛」奔襲？本節從債務螺旋出發探索債務危機的根源。

01 債務螺旋

債務與槓桿是硬幣的一體兩面。槓桿的正向作用是以小博大，加速繁榮；反向作用則是信用坍塌，加速崩潰。前者向上循環，後者向下循環。向上還是向下，有時僅是經濟效果的毫釐之差。

債務危機的可怕之處，並非債務規模之巨，而是債務螺旋。債務螺旋，通常被理解為信用坍塌的連鎖反應。

比如，張某已失業半年，沒錢還房貸。他準備向親朋好友借錢以度過難關，但親朋好友因其失業對他的個人信用產生了懷疑，紛紛拒絕借款。其中一位朋友還是張某的債權人，他開始「不講理」逼著張某還錢。無奈之下，張某只好緊急出售汽車還貸、還債。汽車折價出售，資產價格下跌。如此，張某陷入了糟糕的債務螺旋。

泡沫經濟是債務經濟

某集團遭遇銀行集體收回融資,導致陷入債務螺旋。即便「斷臂求生」出售資產,但信用受到衝擊,資產價格縮水,造成鉅額損失。

美國經濟學家歐文・費雪最早解釋過債務螺旋,他在《繁榮與蕭條》(*Booms and depressions*)中提出了債務——通縮理論。費雪本人在大蕭條期間也陷入了債務螺旋,從此一蹶不振,最終在債務與病痛中死去。

在 1929 年大危機之前,費雪是當時美國最負盛名的經濟學家,也是世界上最富有的經濟學家。在耶魯大學任教期間,他發明了一種可顯示卡片指數系統,並獲得了專利,創辦了一家公司。費雪可以算得上是建立和使用經濟指數的先驅,經濟學家詹姆士・托賓(James Tobin)稱費雪為「歷史上最偉大的指數學家」。

這個公司後來與競爭對手斯佩里・蘭德公司合併。在 1920 年代,費雪出售了公司股票,成了百萬富翁。在大危機來臨之前,費雪啟用高槓桿,大量借錢買入蘭德公司的股票。1929 年 10 月,他的股票市值超過了 1,000 萬美元,使其一度成為世界上最富有的經濟學家。

這時,費雪宣稱,股市已經到了「永久性的高原期」。危機爆發後,這成為「可能是史上最離譜的股市預言」,費雪名聲掃地,手中的股票貶值如紙,為償還負債而傾家蕩產。根據他兒子猜測,費雪在大危機中的損失大概為 800 萬〜1,000 萬美元,

連家人以及親屬的錢都賠進去了。

從此，費雪的人生進入漫長的「大蕭條」。大蕭條期間，費雪還不幸感染了肺炎，美國國稅局又將其列為「強制執行人」。此後，費雪基本上靠妻子親戚的救濟度日。他欠下 75 萬美元，直到 1947 年去世也沒能全部償還。

不過，大蕭條期間，深陷債務危機的費雪全心全意地投入研究與寫作上。費雪最有影響力的著作都是在大蕭條期間創作的。在最艱難的 1932 年，費雪出版了《繁榮與蕭條》。在這本書中，費雪根據自己的親身經歷及觀察，加上一些理論研究，提出了債務 —— 通貨緊縮理論。

這套理論描述了信用塌陷的惡性循環過程。債務、貨幣數量、物價水準、淨值、利潤、生產、心理、貨幣周轉率以及利率，這九大因素相互作用，促使債務人或社會系統陷入加速下行的債務螺旋。

比如，負債累累的企業為了應對經濟下行、現金流緊絀，試圖拋售資產或存貨以清償債務。然而，資產或存貨拋售引發資產或商品價格下跌、銀行授信額度下跌；價格下跌導致利潤下降，授信額度下降導致收回融資、貸款額下降，甚至引發供應商及合作夥伴的不信任，進一步加劇債務危機。

債務螺旋是一種越是去槓桿，槓桿比率越高的現象。

一家企業的債務危機一旦擊穿社會的金融信用基礎，引發

資產價格整體暴跌,那麼原本資產負債表健康的企業也可能因陷入債務螺旋而倒閉,最終引發金融危機。

比如,2008 年雷曼兄弟破產(Lehman Brothers)引發債務螺旋,導致房地產、股市上兆美元的資產蒸發:資產價格崩盤導致商業銀行集體緊縮銀根,大幅下調授信額度,市場陷入流動性恐慌;企業借貸成本上升,進而拋售資產以挽救流動性,但資產拋售又引發資產價格下跌,導致銀行授信額度進一步下調……如此惡性循環。貝爾斯登、房利美、房地美、美國國際集團、花旗銀行、通用汽車等大廠均捲入其中。

債務螺旋的存在使我們產生了疑問:在資產負債表中,多寬的護城河才是安全的?

費雪將危機爆發的源頭歸結為過度負債。但是,如何界定「過度」是一個難題。我們所知道的是,經濟槓桿比率越高,資產價格崩盤越厲害,信用坍塌越凶猛,債務螺旋就越深。所以,拓寬護城河,其實就是控制槓桿比率。

以《巴塞爾協議》(Basel Accords)為例。1974 年富蘭克林銀行破產後,歐美國家的銀行監管當局在第二年達成了這個協議。最開始,監管當局主要關注銀行的信用風險,也就是槓桿比率,關鍵指標是銀行的資本適足率。但是,巴林銀行在 1993 年的資本適足率遠遠超過 8% 的監管要求,到 1994 年底依然被認為是安全的。1995 年 2 月,期貨交易員尼克·李森(Nick Leeson)卻因違規的投機操作以迅雷之勢葬送了這家老牌銀行。

巴林銀行的突然破產讓監管當局意識到市場風險與信用風險可能相互波及。股票等資產價格崩盤，導致銀行的抵押資產大幅縮水，從而資產負債表外項目損失的風險重創銀行信用，這就是債務螺旋。

1996年《巴塞爾協議》增加了補充協議，以提列資本來約束銀行表內外業務風險。2008年金融危機爆發後，監管機構再次修改《巴塞爾協議》，旨在降低槓桿比率。新協議將商業銀行的第一級資本適足率從4%上調到6%，同時計提2.5%的防護資本緩衝和不高於2.5%的逆循環資本緩衝，這樣核心資本適足率的要求可達到8.5%～11%。

問題是：核心資本適足率多高可抵禦債務螺旋？在收益與安全之間，槓桿比率多少才是合適的？很多商業銀行都滿足《巴塞爾協議》的核心資本適足率要求，但也有人認為，房地產泡沫崩盤可瞬間擊穿商業銀行的信用。

費雪的債務螺旋理論很好地描述了債務危機爆發的過程，但是沒能探索到債務危機爆發的根源，在債務護城河的設定上陷入經驗主義。

02 利率扭曲

曾經在網路上看到一段對於房地產市場崩潰的地區描述：房地產發展了這麼多年，現在賣房子的欠一屁股債，買房子

的也欠一屁股債，更玄幻的是，賣地的地方政府也欠了一屁股債⋯⋯

問題來了，房價漲了那麼多，錢都被誰賺走了？

這個問題並不容易回答。房地產公司的確賺了很多錢，但同時也負債累累。家庭及部分地方政府債務持續上升，其中大部分來自房貸。

問題出在哪裡？

比如，一家公司在一個案子上賺了 1,000 萬元，老闆用這筆資金配比 1,000 萬元銀行貸款，投資第二個專案。如此循環下去，業務規模越來越大，槓桿比率也不斷攀升，即便每個案子都賺錢，但只要現金流枯竭，這家賺錢的公司就可能破產。

過去，房地產採用高周轉模式，後一個專案的貸款（融資）支撐前一個專案開發，不斷循環滾動，周轉率越高，獲利機會越大，但槓桿比率也持續增加。到今天，地產大廠們的槓桿比率已達到相當高的水準。

按照價格定律，房地產、政府及家庭持續大規模借貸，銀行利率會持續上漲，從而抑制借貸需求，壓低槓桿比率。但現實是，利率沒有因為借貸需求擴張而大幅上漲。可見，問題出在利率上。

為什麼利率市場失靈？換言之，利率市場的自然調節為何沒能有效地抑制債務危機？

債務經濟

　　如果借貸的資金源自社會儲蓄,那麼利率會隨著需求的增加而上漲,因為儲蓄畢竟是有限的。但是,如果借貸的資金源自人為創造的多餘貨幣,那麼利率不但不漲,甚至還可能下降。換言之,支撐房地產、地方政府、家庭不斷擴張信貸的,並非社會累積的儲蓄,而是人為創造的多餘貨幣。

　　瑞典經濟學家努特·維克塞爾(Knut Wicksell)在西元1898年寫了一本書《利息與價格》(Interest and Prices),區分了貨幣利率和自然利率。貨幣利率是指市場利率,自然利率是總需求等於總供給時的利率。根據維克塞爾的理論,當市場利率等於自然利率時,銀行供應的貨幣數量是最佳的。換言之,當人為創造多餘貨幣時,市場利率長期低於自然利率,從而製造了流動性氾濫,進而推高了經濟槓桿比率。

　　理論上,商業銀行降低利率,房地產、家庭也未必會借貸,他們會根據自身的資產、債務及收益狀況理性選擇。但為何還會爆發債務危機?後來,米塞斯(Ludwig von Mises)和海耶克(Friedrich Hayek)將維克塞爾的理論與博姆-巴維克(Bohm-Bawerk)的間接生產理論相結合建立了景氣循環理論。海耶克在米塞斯的《貨幣與信用理論》(The Theory of Money and Credit, 1912)基礎上寫了一本書《價格與生產》(Prices and Production),指出自然利率和市場利率的差額造成了景氣循環。當市場利率小於自然利率時,投資大於儲蓄,經濟出現通膨;當市場利率大於自然利率時,投資小於儲蓄,經濟出現通縮。

泡沫經濟是債務經濟

米塞斯和海耶克二人的景氣循環理論認為,人為控制利率,導致價格扭曲,從而誤導了企業家的間接生產。

比如,利率下降刺激企業家借貸增產。增產引發原材料價格上漲,供應商企業誤以為市場需求增加進而擴大生產。產量增加使得就業率增加,人力成本增加,收入增加、利率下降刺激信貸和房貸擴張,房價和物價上漲,家庭部門的槓桿比率提升。表面上來看,企業、家庭的收入都在增加,但資產價格和消費物價也在上漲,同時整個經濟的槓桿比率攀升,這時市場已經出現了集體性誤判。傅利曼(Milton Friedman)將這一現象解釋為貨幣長期中性。

費雪也指出了利率波動引發的市場混亂:「一個幾乎涉及每個交易並且時而膨脹、時而萎縮的度量單位必然會導致混亂,而且是各種問題上的混亂 —— 物價的混亂、數量的混亂、分配的混亂,以及與訂立合約各方相關的因素的混亂。」

銀行長期壓低利率,催生一批劣質的信貸、劣質的需求、劣質的企業、劣質的市場,加劇了市場的脆弱性。

什麼是「劣質」?比如一家企業急需貸款,但按正常利率它是還不起利息的,這種貸款需求屬於無效需求。如今利率被人為壓到接近於零,它有能力償還微乎其微的利息,銀行核准了這家企業的一筆信貸。這筆貸款是人為創造出來的,其實是劣質的信貸、劣質的需求和劣質的市場,這類企業就屬於劣質的企業。

債務經濟

　　如果利率上升或回復到自然利率水準，這類劣質的企業將面臨破產，持續累積的劣質市場崩盤，擊穿金融防火牆，引發債務螺旋。有些人認為，輸血可以救企業，甚至還可以強壯企業，支持企業技術創新。事實上，技術創新一直以來都是競爭出來的，而不是餵養出來的。非競爭性、低利率的貨幣輸血，只會持續拉低實體經濟的投資邊際收益，將社會資本引入資產泡沫市場，從而阻礙企業的科技創新力。

　　低於自然利率的寬鬆政策，其實是在飼養「經濟巨嬰」，輸血給劣質的企業，阻止市場正常出清。同時，這種寬鬆政策還可能使優質的企業也淪為「巨嬰」。所以，債務型經濟（信用透支）其實是「巨嬰經濟」。

　　凱因斯主義者主張景氣循環調節，經濟蕭條時擴張貨幣，經濟景氣時再透過緊縮政策將多餘的貨幣回收。這是一種想當然的做法。寬鬆政策如巨石下山，一路高歌；緊縮政策如推石上山，一路哀號。更重要的是，寬鬆政策飼養了大批劣質企業，一旦拔掉輸血管，這些企業將立即面臨財務危機，市場集中且以數倍的規模出清，債務規模性爆發。

　　所以，最近40多年，債務危機幾乎都發生在美元緊縮週期。

　　危機一旦爆發，或者市場陷入衰退，貨幣政策又迅速切換到寬鬆週期。央行每一輪週期都採取非對稱操作，每次下調利率的幅度都大於上調利率，從而導致利率持續下行，長期低於自然利率。資料顯示，從1980年代開始，美國、歐洲、日本的

利率水準在一輪輪「不對稱操作」中持續下降,如今已降到接近零利率。

所以,債務危機是因槓桿比率而引發的集體違約事件,而人為干預利率是引發集體違約的重要因素。

03 制度缺陷

人為干預利率,屬於貨幣及銀行制度問題。

布列敦森林體系(Bretton Woods system)崩潰後,世界進入信用貨幣時代。沒有了剛性約束,央行可自由地掌控利率。換言之,信用貨幣時代,央行主導了利率水準,導致了價格扭曲。這就是最近40多年金融危機演變為債務危機的關鍵。

在美國,聯準會透過調節聯邦資金利率和公開市場操作來干預市場利率。2007年次級房貸危機直接原因是聯準會長期壓低了市場利率。東亞國家的人為主導因素作用更為強烈,財閥、國營企業向國有銀行及關聯銀行借貸,從而扭曲了市場利率。1997年亞洲金融危機瞬間擊穿了日韓等國的金融防火牆。

利率即價格,必須交給市場去發現,由自由交易來決定。沒有任何人,任何一家央行、商業銀行及政府,能精確掌握自然利率水準,只有自由市場才能決定自然利率。

所以,利率問題其實是貨幣及銀行制度問題。

在信用貨幣時代,什麼樣的銀行制度是符合科學的?

債務經濟

在法定貨幣制度下,央行負責建立貨幣制度及監管,商業銀行負責貨幣擴張,信貸市場決定價格(利率)及供應量(貨幣發行量)。較接近這一模式的是香港的銀行系統。香港沒有央行,香港金融管理局確立發行規則,並扮演了監管角色。特定商業銀行向金融管理局繳納一定數額的美元,換取等值的港元「負債證明書」後,才能增發港元現鈔。在這種制度中,基於對自身風險及利潤負責,商業銀行不會盲目壓低利率和擴張信貸。

博姆-巴維克、米塞斯和海耶克認為,只要市場利率與自然利率相一致,市場即可達到均衡狀態,便不會爆發經濟危機。這種觀點並不正確,他們忽略了制度的內生性。如果缺乏有效的市場制度,自由市場是無法達到最佳效率的,還可能引發危機。

法國古典政治經濟學家西斯蒙第(Sismondi,J.C.S.de)在《政治經濟學新原理》(*New Principles of Political Economy*, 1819)一書中指出:「人們所受的各種災難是我們社會制度不良的必然結果。」

制度的內生性,主流經濟學界並未完全接受,也沒有得到充分論證。為什麼說缺乏有效的制度,自由市場無法達到最佳效率?換言之,制度是帕雷托(Vilfredo Pareto)最佳的必要條件——判斷依據是什麼?

主要有以下三個邏輯:

第一,市場效率源自知識及技術創新,知識及技術創新的

基礎是制度（新制度經濟學）。

第二，制度是個體（包括政府）契約的公共化。怎麼理解？在市場交易中，大量的市場契約經過反覆博弈會形成一些共識性條款，比如包退包換、侵權賠償等。這些共識性條款經過公共化（立法）後便形成了消費者保護法、侵權法等。當然，有些法案如汽車召回制度，是消費平權運動的結果。但是，如果這一制度沒能讓市場接受，定然會降低經濟效率。所以，個體契約是自由市場的一部分，個體契約公共化形成的制度自然也是自由市場的一部分。

第三，皮古（Arthur Cecil Pigou）在《福利經濟學》（*Wealth and Welfare*）中提出了市場最佳效率的條件，即私人邊際收益＝社會邊際收益。這個等式的意思是：當「沒有人能夠占他人的便宜」時，經濟是最佳效率的，理論上是沒有外部性的。如何才能達成？皮古求諸於政府，因為這個等式蘊含著制度要素，即「沒有人能夠占他人的便宜」的公平制度。

近代市場興起以來，人類在制度建設上總是在效率與風險之間博弈。比如，有限責任公司制度、股票交易制度、現代銀行制度都是加槓桿的制度，都極大地提高了經濟效率，但也蘊藏了巨大的市場風險。為此，便設立了公司法、證券交易法、資訊披露制度等來抑制風險。

市場效率與保障性制度博弈的平衡點是私人邊際收益＝社會邊際收益。各個行業的制度不同，但有效制度的唯一標準便

債務經濟

是這一等式，可理論上消除外部性。

比如，每天都有餐飲店倒閉，卻沒有引發經濟危機。為什麼？

因為餐飲業的市場集中度很低，同時槓桿比率也很低。但是，餐飲店依然有外部性，比如食物中毒等食品衛生安全事件。所以，餐飲行業的制度監管更加側重於衛生安全，而不是經營風險。

銀行與餐飲業則完全不同。銀行集中度高，槓桿比率也高，一旦倒閉，就容易引發系統性風險，這就是銀行的外部性。所以，銀行業的制度監管重點在金融風險上。但是，制度性監管不等於行政壟斷。相反，銀行業需要打破行政性準入限制，不論是國營還是民營的金融機構都應該在統一的監管制度下自由競爭。

我們回歸到債務危機這個主題。債務危機根本上是由錯誤的制度（政策）引發的。制度具有公信力，錯誤的制度等於鼓勵人們犯錯。比如大蕭條後，美國聯邦政府為了刺激房地產業，推動房地產證券化，但是商業銀行對市場缺乏信心，聯邦政府便成立房地美、房利美來收購商業銀行的信貸合約，這就等同於政府為商業銀行的借貸做了擔保。之後，房地美、房利美雖然私有化，但與政府依然保持著千絲萬縷的關係。加上政府鼓勵買房和發放次級房貸，最終誘發了道德風險。

從債務螺旋，到利率扭曲，再到制度問題，我們發現，債務螺旋只是債務危機的表現形式，利率扭曲是引發債務危機的

關鍵因素,錯誤的制度(政策)才是債務危機的根源。

不過,債務危機不可能完全消除。雖然制度可以約束人的非理性與機會主義,但制度建立及執行本身也包括了人的非理性與機會主義。

所以,在真正有效的制度裡,央行及政府應保持自身的獨立性,不為多數人選票而左右,堅持原則,即私人邊際收益＝社會邊際收益。

參考文獻

(1) 歐文·費雪。繁榮與蕭條 [M]。李彬,譯。北京：商務印書館,2014。

(2) 維克塞爾。利息與價格 [M]。蔡受百,譯。北京：商務印書館,1997。

(3) 海耶克。價格與生產 [M]。許大川,譯。臺灣：臺灣銀行經濟研究室,1966。

(4) 西斯蒙第。政治經濟學新原理 [M]。何欽,譯。北京：商務印書館,1998。

(5) 皮古。福利經濟學 [M]。朱泱、張勝紀、吳良建,譯。北京：商務印書館,2006。

債務經濟

債務危機是貨幣危機

債務危機是最近40多年世界經濟揮之不去的「幽靈」，1980年代拉美債務危機、1990年日本泡沫危機、1997年亞洲金融危機、2008年全球金融危機、2021年中國地產危機均屬債務危機。債務危機為何頻發？

它是如何形成的？又是如何爆發的？問題根源在哪裡？如何解決債務危機「幽靈」？

本節從經濟學的角度探索債務危機的根源、邏輯及解決方案。

01 危機的源頭

如何解釋危機？這個問題困擾了經濟學界近兩百年之久。

19世紀上半葉，英國頻繁爆發經濟危機，主要的特徵是產能過剩，因此被界定為過剩性危機。但是，為什麼會出現供給過剩？

除了工業革命帶來的技術衝擊外，最重要的原因是銀行過度擴張信用。當時，英國還沒有中央銀行，大小銀行均可以發行自己的金本位制銀行券，銀行券很快替代了黃金成為支付貨幣。不過，銀行並沒有按照百分之百的黃金準備金來發行銀行券，通常銀行備有的黃金只有銀行券發行量的二分之一、三分

之一甚至更少。

西元 1825 年英國爆發了一次經濟危機。之前 4 年，英國大規模對外輸出產能，英國紡織商人對中南美洲的投資激增。從西元 1821 年到西元 1825 年，倫敦交易所共對歐洲和中南美洲國家發行了 4,897 萬英鎊公債，英格蘭銀行減少了國內私人貸款，將更多的信貸配置在南美洲市場。但是，西元 1825 年下半年中南美洲投資泡沫崩盤，超過 3,000 家企業倒閉，紡織機械設備價格大跌 80%。這場危機還外溢到英國金融系統及製造業。

危機爆發後，大量投資者和儲戶紛紛擠兌銀行，用銀行券兌換黃金，近百家銀行破產。英格蘭銀行黃金儲備也因此暴跌，從西元 1824 年底的 1,070 萬英鎊降至 1825 年底的 120 萬英鎊。

西元 1837 年，英國爆發了一次波及全產業的系統性經濟危機。當時，鐵路修建剛開始興起，英國大量資本投資鐵路及相關的冶金、煤炭、機車製造、運輸等行業，刺激英國經濟連續 12 年成長。

但是，沒有足夠儲蓄的投資擴張是危險的，沒有足夠黃金儲備的信用擴張也是危險的。西元 1837 年，鐵路投資泡沫破滅引發系統性經濟危機，銀行系統再次爆發擠兌風險。這次，為了阻止黃金流失，英格蘭銀行竟然關閉黃金兌換窗口，導致了嚴重的貨幣信用危機。

英國民眾以及政治家對銀行失信極為不滿，他們開始討論

改變、廢除現行的銀行制度以及貨幣發行體系。英國國會「眾院發行銀行委員會」啟動了一次聽證會，英格蘭銀行行長諾曼（Montagu Norman）在證詞中使用了「貨幣主義」和「銀行主義」的名稱，後來被稱為「貨幣學派」和「銀行學派」。兩大學派的觀點對立，諾曼、皮爾（Robert Peel）等代表貨幣學派，他們認為，銀行可以發行銀行券，但是必須有足額的黃金儲備，過度發行會誘發金融危機；圖克（Thomas Tooke）、富勒頓（John Fullerton）、威爾遜等代表銀行學派，他們反對全額黃金準備制度，認為銀行會根據市場的需要供應信貸，不可能隨意增加銀行券的發行。

最後，貨幣學派獲得了勝利。西元 1844 年，貨幣學派的皮爾擔任首相後推動英國國會通過了《銀行特許法》。這一條例是貨幣及銀行史上的轉捩點，也改變了人類經濟的發展進程。

第一，集中了貨幣發行權。該條例廢止了銀行券由多數私人銀行發行的制度，授權給英格蘭銀行集中發行。當時英格蘭一共有 279 家私人銀行擁有發幣權，若銀行倒閉則發行額度自然失效，其額度轉移到英格蘭銀行。

第二，採用全額準備金發行貨幣。該條例規定只能發行 1,400 萬英鎊以政府借款為保證的銀行券，超過此限額的發行，必須有 100% 的黃金保證。

第三，中央銀行與商業銀行分離。該條例規定改組英格蘭銀行，分設發行部和銀行部。發行部履行中央銀行職能，負責

發幣、管理國債、保管黃金外匯等；銀行部等同於商業銀行，沒有貨幣發行權，負責發放信貸。

西元1844年的《銀行特許法》其實確認了英格蘭銀行的央行地位以及英格蘭銀行券的法償貨幣地位。這是貨幣史上的代表性事件──近代第一家央行及第一個法定貨幣誕生。

但是，被限制的私人銀行不滿，英國哲學家赫伯特・史賓賽（Herbert Spencer）也質疑英格蘭的貨幣壟斷。為了平衡利益，英國政府對私人銀行許諾，若私人銀行遭遇擠兌危機，英格蘭銀行需要為他們提供緊急貸款。英國經濟學家華特・巴治荷（Walter Bagehot）是《銀行特許狀法令》的支持者，他在《倫巴第街》（*Lombard Street*）中將這一許諾概括為「最後貸款人」原則：「在金融危機時，銀行應當慷慨放貸，但只放給經營穩健、擁有優質抵押品的公司，而且要以足夠高的、能嚇走非急用錢者的利率來放貸。」

至此，中央銀行法定貨幣制度＋商業銀行＋最後貸款人原則，成為全球貨幣及銀行體系的標準版本。但是，這恰恰是一切經濟危機、金融危機、債務危機的根源所在。如今，如果要追溯危機的源頭，那麼這個源頭就是西元1844年的《銀行特許法》。2008年金融危機爆發，越來越多的經濟學家意識到，當今世界的貨幣及銀行體系存在問題。西班牙奧地利學派經濟學家赫蘇斯・韋爾塔・德索托（Jesús Huerta de Soto Ballester）教授在其出版的《貨幣、銀行信用與經濟週期》（*Money, Bank Credit,* and Economic Cycles）一書中,將問題追溯到西元 1844 年的《銀行特許法》。

但是,該條例之前,英國不也爆發過經濟危機嗎?

該條例之前的英國經濟危機是信貸危機,歸根究柢是法律監管缺失。為什麼這麼說?當時很多銀行違背承諾,削減黃金儲備,發行銀行券。爆發擠兌危機後,又如英格蘭銀行一樣關閉黃金兌換窗口。這些行為都屬於詐欺行為,但是政府疏於監管。銀行家逃脫法律制裁很容易,反而激勵他們更加冒險投機,信貸市場成了詐欺猖獗、劣幣驅逐良幣的混亂市場。

美國的私人銀行與中央銀行的鬥爭達百年之久。在私人銀行市場,監管不力,銀行野蠻生長。西元 1810 年,美國只有 88 家州立銀行,到西元 1860 年,州立銀行增加到 1,562 家,據估計,市場上流通的私人銀行發行的貨幣超過 10,000 種。這些州立銀行的註冊門檻極低,這些紙幣也多以金本位著稱,但不少是「空頭支票」,缺乏足夠的抵押物。為了躲避顧客拿銀行券上門兌換金銀幣,很多銀行故意設在偏遠地區。這種擅長「躲貓貓」的銀行被戲稱為「野貓銀行」。除了監管不力,美國政府實行了保護性質的單一制銀行制度(不允許跨州經營),這種限制性制度加速了州立銀行的擴張和倒閉。州立銀行無法跨州經營,降低了其融資及信貸投放效率。

德索托教授認為,西元 1844 年的《銀行特許法》的問題是,沒有將全額準備金制度推廣到商業銀行。商業銀行的信用擴張

債務危機是貨幣危機

沒有足夠的真實儲蓄,導致信用擴張氾濫。德索托教授將該條例出現前後的問題都歸結為準備金及真實儲蓄不足下的信貸氾濫。當然,他也反對貨幣計劃制度。

在這一問題上,筆者的觀點與德索托教授有所不同。德索托教授似乎傾向於讓全額準備金的儲蓄業務往「保管箱業務」上歸因,但筆者想,德索托教授對銀行理解或許有誤。其實,全額準備金制度並不是問題的本質,問題的本質是英國皮爾首相採用了消滅市場的方式替代法律監管。西元1844年的《銀行特許法》出現前後的經濟危機性質是完全不同的,其之後的經濟危機,本質上是貨幣壟斷危機、貨幣計畫危機、貨幣管制危機。但是,貨幣管制危機的責任卻往往由商業銀行來背。為什麼?

因為在現行的法定貨幣及銀行體系下,商業銀行定然會陷入擴張悖論。理論上,商業銀行應該盡可能大規模拓展信貸,但是如果銀行這麼做,一定會有隱患。比如,假如市場上只有100元,商業銀行吸收這100元作為存款,記為負債;同時,將其全部貸給李某(假設準備金為零,以房產為抵押),記為資產。李某用這100元從王某手上購買了一本書。王某將這100元存入銀行,銀行又記為負債。這裡就存在兩個問題:一是王某和李某同時提款,就會發生擠兌危機;二是李某沒有額外的貨幣歸還貸款,一定會出現違約。

有人認為,這裡的問題是準備金不足,因此需要提高準備金率。其實,這不是問題的根源。在銀行的資產負債表中,表

031

債務經濟

面上負債（存款）等同於資產（貸款），沒有風險。其實，這是偽命題。

因為存款和貸款的流動性完全不對等，活期存款的使用者隨時可提款，但是貸款的抵押資產無法隨時變現。銀行有李某的貸款合約以及抵押資產，但是無法換成貨幣。李某也有資產（書），但也無法換成貨幣。因此這裡的問題是，貨幣過度匱乏，流動性被抑制。在銀行中，流動性就等於生命。銀行越擴張，貨幣乘數增加，存款的流動性越大，而貸款的流動性不變，銀行最終就會崩潰。這就是商業銀行的擴張悖論。

為什麼商業銀行的貸款流動性被抑制？究其原因就是央行剝奪了商業銀行的貨幣發行權，商業銀行不能自行擴張貨幣，也就無法降低貨幣乘數和流動性風險。所以，貨幣統制是一切經濟危機的根源。

02 危機的演變

現行央行制度之下，商業銀行的信用擴張，一定會導致銀行危機爆發。央行統制貨幣與商業銀行擴張悖論，定然會導致貨幣錯配及信貸氾濫。

德索托教授在《貨幣、銀行信用與經濟週期》一書中使用了米塞斯及海耶克的景氣循環理論，「闡述了6個不可避免的自發個體經濟效應，以逆轉由持續而強烈的銀行信用擴張引發的虛

假繁榮」。

　　米塞斯、海耶克及德索托更加細膩地解釋了信用擴張是如何引發危機的。他們的邏輯是，額外的信貸增加導致消費品及資本品價格波動，誤導企業家擴張迂迴生產的週期，增加遠期消費的投資。當信貸緊縮，利率提高，遠期投資專案開始虧損，資金鏈斷裂，債務危機出現。

　　不過，如今更多的危機並非「遠期」與「近期」投資失衡，而是實體投資與金融投資失衡。在此，筆者對德索托教授的邏輯做了一些改進。

　　銀行擴張信貸，利率下降，刺激企業家增加貸款。貸款成本降低，預期利潤率增加，企業會增加投資，加大對生產因素的採購，原材料、大宗商品及人力成本上漲。這時，關鍵在於消費品市場的價格是否上漲。

　　薪資上漲，家庭收入增加，消費隨之增加，推動消費品價格上漲。另外，銀行擴張信貸，刺激消費信貸增加，消費擴張，也促進消費品價格上漲。但是，消費擴張很快就會停頓下來。因為所謂家庭收入增加，增加的只是名義收入，物價上漲使實際收入並沒有增加。消費信用擴張不是建立在真實收入和儲蓄的基礎上，難以持續，甚至可能陷入消費債麻煩。

　　消費品價格上漲，但是家庭真實收入和儲蓄沒有增加，消費無法持續擴張，不會刺激企業持續擴大生產。企業家意識到原材料、大宗商品及人力成本上漲削減了利潤率，也會停止產

能擴張,更不會增加遠期投資和技術投資。

還有兩個更糟糕的結果:

一是勞動力薪資收入提升,消費品價格上漲,但由於收入分配和邊際消費傾向的問題,真實勞動力薪資反而下降,通膨其實削減了低收入者的財富。這時,李嘉圖——海耶克效應(The Ricardo-Hayek Effect)會起反作用,企業家會增加對廉價勞動力的雇用,而減少資本(機器)的投入,直到勞動力的邊際價格與資本的邊際價格趨同。這不利於實體經濟的技術進步。

二是在制度不健全的國家,普通家庭儲蓄嚴重不足,消費能力薄弱,薪資成長緩慢,消費品價格低迷,這時企業將遭遇雙頭擠壓:上游原材料、大宗商品價格上漲,下游消費品價格低迷、利潤下降,甚至陷入虧損。這樣,企業會減少產能擴張,降低對實體經濟的投資。

企業家手握大量的信貸資源投入哪裡?

他們會將資本大量投入金融市場,推高金融資產包括房地產的價格。原因有三:一是與實體經濟相比,金融市場短期投資報酬率高,有套利空間;二是「大到不能倒」、「保本保息」誘發道德風險,市場認為中央銀行是金融市場最終的「購買者」、靠山;三是與遠期實體投資相比,金融市場的流動性高、週期短,可以降低現金流風險。

2008年之後,世界經濟是兩極分化的,實體經濟低迷,金融市場膨脹。這十多年,美國實體經濟低迷,企業家、金融家將

大量貸款配置在金融市場,同時聯準會直接將貨幣投放到了金融市場,美股及債券市場膨脹。

在中國,更多的貨幣進入了房地產市場,而房地產專案就是一種金融專案,開發商採用高周轉的模式,拿出一筆資金買地,用土地抵押貸款,然後開始建設,六個月後上市銷售,購房者借貸貸款購房,開發商回籠資金的同時,又進入下一個專案。在房地產專案中,銀行居於核心地位,開發商的關係融資能力是核心競爭力。恒大便是高周轉模式的代表。

恒大在快速擴張過程中,也往新能源車領域擴張,但恒大投資新能源車,並不是在做遠期投資,也不是在做技術投資,而是在做金融投資。恒大汽車未量產上市,就在港股上獲得幾百億港幣的融資,同時市值超過了其母公司恒大集團。

但是,沒有真實收入和儲蓄支撐的信用擴張終會停止。過去,金融市場還未如此繁榮,大量信貸進入實體經濟,實體經濟爆發停滯性通膨危機(通膨和蕭條並存),象徵著信用擴張的結束。

恒大因中國的房地產管制政策變動,產生了金流危機。為了解決現金流問題,恒大開始打折出售房產。但是,這引發了債務螺旋風險。管制政策加上房產打折出售,讓市場嗅到了債務風險的訊號。低價銷售被限制,部分供應商釋出公告討債,授信額度也遭到下調,甚至部分財產被查封扣押。越是大規模出售資產,資產價格越是下跌。恒大股價在一年內大幅下跌,

總市值均大幅度縮水。同時，國際評級機構將中國恒大和恒大系相關公司的信用評級下調到CCC的負面評級，恒大在債市上融資的難度逼近極限。

這就是可怕的債務螺旋。

03 危機的終結

米塞斯、海耶克及德索托的理論解釋了「高樓如何起來」，費雪的債務螺旋理論解釋了「高樓如何倒塌」。但是，費雪的債務螺旋容易讓人產生誤解，它啟發了凱因斯、卡恩（Richard Ferdinand Kahn）的乘數理論，以及在此基礎上的漢森（Alvin Harvey Hansen）和薩繆森（Paul Samuelson）的乘數──加速理論、明斯基（Hyman Philip Minsky）的金融不穩定性假說，這些理論卻並不全面，他們認為，金融市場存在固有的脆弱性，銀行危機是內生性的。其實，金融危機也受到外生因素的影響，它是由錯誤的貨幣管制及銀行制度造成的。

所以，終結危機的根本辦法就是重塑全球貨幣及銀行體系。

第一，必須廢除貨幣管制經濟以及法定貨幣制度，重新建立自由的貨幣市場。

西元1844年《銀行特許法》誕生時，英國自由主義被菁英階層廣泛接受，為什麼還會出現貨幣管制？這或許跟當時流行的「貨幣面紗論」有關係。休謨（David Hume）、史密斯（Adam

Smith)、賽伊（Say Jean Baptiste）都奉行這一理論，正值學術巔峰的小穆勒更是這一理論的集大成者。「貨幣面紗論」認為，貨幣本身沒有價值，是外生的。它只不過是一種便利的交換媒介，對經濟的實際產出沒有影響。因而長期以來，經濟學家將貨幣排除在經濟系統之外，對待貨幣制度不夠謹慎。

西元 1837 年英國爆發經濟危機後，英國政治家認為是銀行濫發銀行券誘發了危機。在這場政治博弈中，貨幣學派代表的政治力量剝奪了銀行的貨幣發行權，銀行只負責經營信貸市場，提高貨幣配置效率。皮爾首相認為，既然貨幣是外生的，那麼就可以直接採用中央計劃的方式發行貨幣。

直到西元 1898 年，瑞典經濟學家努特·維克塞爾出版了《利息與價格》，提出「累積過程理論」，試圖將貨幣與實際經濟結合起來，才首次打破「貨幣面紗論」，一些經濟學家如米塞斯、海耶克、凱因斯，意識到貨幣並非外生之物，它對投資、消費及經濟產出有著實際的影響。

但是，經濟學家錯過了改變貨幣制度的機會。「一戰」後，凱因斯意識到了貨幣的重要性，提出使用擴張貨幣及財政的手段來干預經濟。大蕭條後，凱因斯的主張逐漸被接受，政府也意識到貨幣是一種比徵稅更加便捷的方式。如此，中央銀行及法定貨幣體系反而被政治家所掌控和強化。所以，從西元 1898 年以來，幾乎所有的貨幣理論都是法定貨幣理論，都在維護貨幣計畫經濟。但是，貨幣計畫經濟相較於自由貨幣效率是更低

的。真正能夠拯救經濟的，只有自由貨幣。

第二，中央銀行扮演監管者角色，將貨幣發行權下放到商業銀行。

芝加哥學派早期有兩個學術傳統，認為貨幣和價格是重要的，傅利曼（Milton Friedman）借在芝加哥大學教授貨幣理論和價格理論發展了這兩大傳統。傅利曼主張貨幣自由化，包括利率自由化、匯率自由化、資本自由流通以及金融全球化。但是，傅利曼留了一個尾巴，那就是中央銀行還手握貨幣發行權，以及調節貨幣供應、干涉利率價格的權力。為了管住央行的手，傅利曼主張單一制規則，即按固定比例發行基礎貨幣。但是，無強制約束力，央行的獨立性很容易「變味」。

所以，最好的辦法是徹底革除，從立法的角度剝奪中央銀行的貨幣發行權，將貨幣發行權還給商業銀行，將貨幣供應交給自由市場。為什麼貨幣發行交給自由市場是可行的？正如史賓賽提出的質疑：我們認為，麵包等一切商品交給市場支配是最有效的，為什麼貨幣交給自由市場，我們就不信任呢？從邏輯上看，海耶克的資訊分散理論和傅利曼的價格理論可以說明，只有以價格為核心的自由市場才能組織分散的資訊，滿足每一個人的貨幣需求，調節每一家銀行及貨幣供應者的貨幣供給。

在現有的貨幣及銀行體系中，商業銀行經常會陷入擴張悖論。

但是，商業銀行無力改變這一現狀，關鍵問題在於中央銀

行及不當監管。商業銀行擴張悖論的根本原因是：商業銀行只有經營信貸的權力，沒有貨幣發行的權力，難以將資產（貸款和自有資產）置換成貨幣，釋放出流動性；同時，商業銀行的資產（貸款）變現受到嚴格管控。授予商業銀行貨幣發行權，商業銀行可透過自有資產和貸款資產置換貨幣，增加資產的流動性，降低貨幣乘數和流動性風險。

總之，為了追求利率和控制風險，擁有鑄幣權的商業銀行會比中央銀行更加珍惜貨幣信用，能夠更有效地控制貨幣發行。

中央銀行轉變為純監管部門，廢除「最後貸款人」原則，只負責確立貨幣制度、掌控貨幣發行規則、監管商業銀行。注意，正當的監管極為重要，自由銀行時代的問題正是監管不當。

較接近這一模式的是香港的銀行系統。香港沒有央行，香港金融管理局扮演了監管角色，它不負責發行貨幣，但負責確定貨幣發行規則。香港金融管理局採用百分之百外匯準備金發行機制。

三家特定商業銀行向金融管理局繳納一定數額的美元，換取等值的港元「負債證明書」後，才能增發港元現鈔。當然，香港金融管理局也會採用公開市場操作的手段干預市場，但目的並非控制匯率或貨幣發行量，而是確保匯率固定。

第三，打破法定貨幣壟斷，破除匯率及資本管制，各國貨幣與私人貨幣在國際市場上自由公平競爭。

債務經濟

是否需要建立全額準備金？德索托繼承了米塞斯金本位思想，認為要將全額黃金儲備覆蓋到儲蓄市場。在回答這個問題之前，我們需要理解準備金是什麼。

貨幣的本質不是交易流動性解決方案，是自由交易的信用解決方案。信用解決方案可以是人為設計的信用制度，也可以是市場自發形成的秩序，但後者更為根本。在一個沒有貨幣的市場中，所有的交易者會自發地尋求可靠的可信的「值錢」的交易物，比如黃金。金本位貨幣、信用貨幣，是市場自發秩序和人為設計的信用制度的結合物。其中，金本位貨幣、信用貨幣的準備金，即儲備資產，屬於市場自發自生自選的貨幣。

在自由貨幣市場中，各個商業銀行及私人貨幣發行機構自由公平競爭，他們可以自行選擇可靠的儲備資產，如黃金、美元、國債、房地產債券等，也可自行確立並公開準備金率。他們的資產和準備金率是否可靠，貨幣是否有價值，完全取決於市場認可不認可。當然，在科學論證的前提下，法律可規定最低準備金率標準。

靠近自由貨幣，從改變貨幣統制觀念開始。

這一理論的主要內容是：利率可以區分為自然利率（即正常利率）和市場利率（即金融市場的借貸利率）兩種。商品價格的上漲或下跌、經濟活動的擴張或收縮，均取決於這兩種利率之間的關係和差額的大小。若兩種利率的差額為零，則投資和儲蓄相等，這時投資的邊際利潤率恰好等於借款的利率，增加

投資無利可圖，而減少投資又會減少利潤，所以，投資既不增加也不減少，經濟處於均衡狀況。若自然利率大於市場利率，這時，增加投資有利可圖，所以，投資增加，社會收入增加，物價上漲，經濟處於擴張狀況。這種擴張帶有累積性質，一直擴張到勞動力和原料的需求使薪資和原料價格日趨上漲，生產成本逐漸增加，最後自然利率等於市場利率，這是向上的經濟擴張的累積過程。

參考文獻

(1) 丹・科納漢。英格蘭銀行 [M]。王立鵬，譯。北京：中國友誼出版公司，2015。

(2) 華特・白之浩。倫巴底街 [M]。沈國華，譯。上海：上海財經大學出版社，2008。

(3) 赫蘇斯・韋爾塔・德索托。貨幣、銀行信貸與經濟週期 [M]。秦傳安，譯。上海：上海財經大學出版社，2016。

(4) 歐文・費雪。繁榮與蕭條 [M]。李彬，譯。北京：商務印書館，2014。

(5) 維克塞爾。利息與價格 [M]。蔡受百，譯。北京：商務印書館，1997。

債務經濟

地產名企債務困境

2021年上半年，恒大在全國各地拋售房子，導致公司信用塌縮，資產價格暴跌，陷入債務螺旋。

恒大為何陷入債務螺旋？是否會引發系統性風險？中國房地產行業出現了什麼問題？

本節分析恒大債務問題的原因、性質以及房地產行業繁榮背後的問題。

01 償付性風險和流動性風險

恒大債務風險的性質是什麼？

市場傾向於將其定義為償付性風險，即經營不當引發的市場風險，主要表現為資不抵債。

從結果來看，恒大已經出現了大量違約債，銀行、供應商、理財投資人、購房者等債權人均無法充分兌付。經過近一年的去槓桿，恒大的槓桿集中在供應商方面，截至2021年，對供應商的債務規模達9,000多億人民幣。由於拖欠供應商帳款導致大面積停工，經營性收入枯竭。恒大2021年6月、7月及8月的房產合約銷售金額分別為716.3億人民幣、437.8億人民幣、380.8億人民幣，呈高速下滑之勢。如果沒有額外的流動性

輸入，經營性收入驟降，恒大的償付危機會更加嚴重，引發各建案的交屋危機。

從原因上來看，恒大的償付危機源自其高周轉與多元化擴張的失控。

流動性氾濫容易引發市場價格扭曲，企業家錯誤地以名義價格替代實際價格，進而擴張產能，導致生產結構扭曲。2008年金融危機後，企業家傾向於將資本配置在流動性強的金融產品（金融專案）上，而不是遠期投資上。

近些年，恒大向地產之外的汽車、消費品、新媒體、醫療、文化、體育、百貨等產業擴張。但是，除了主業外的所有產業幾乎都是虧損的。實際上，恒大的產業擴張策略更接近投資金融專案，從而為恒大快速融資。

例如，2014年11月恒大地產為了買殼上市收購了一間傳媒公司，而這間傳媒公司實為一間「空殼」公司。恒大收購後又將其改名，進軍醫美行業，並將先前收購的韓國整形外科醫院併入。受此消息的刺激，這間公司的股價在一年時間上漲約50倍。

這還沒結束。2020年這間公司又更名為恒大汽車，擴展新能源汽車業務，吸引眾多企業投資，股價短短半年多漲了大約10倍。市值甚至超過了其母公司恒大地產。

因此，恒大的多元化擴張業務更像一種以融資為目的的金

債務經濟

融專案，為恒大提供源源不斷的現金流（以套現或股權質押的方式變現）。表面上看，恒大的多元化擴張是經營性問題，但其誘發的償付危機實際上是流動性危機——透過多元化投資金融專案來融資。

接著恒大又透過各種手段投入了另一房地產企業，試圖藉這間企業的殼在 A 股上市，卻進入漫長的停牌重組。而恒大與其多名策略投資者，合計融資規模達 1300 億人民幣。它與策略投資者簽署了對賭協議，如果未能如期重組上市，恒大需要原價回購股權。

隨著恒大宣布停牌重組失敗，上市計畫告吹。最後隨著政府對房地產的監管法令頒布，資金的流動性限制對恒大的金融專案融資造成了很大衝擊。接下來，恒大不得已只能依靠出售資產來回流現金。在經歷整體性出售資產失敗後，最後選擇在全國各地打折賣房。

這一轟轟烈烈的賣房運動觸發了債務螺旋，公司信用崩潰，資產價格崩盤。恒大旗下企業股價暴跌，資產價格坍塌，股票市值縮水，金融融資枯竭，實際資產負債率反而增加，陷入越去槓桿、槓桿比率越高的債務螺旋，這對於恒大來說是致命的。

所以，恒大償付風險背後其實是流動性風險。

其實，恒大長期面臨流動性風險的威脅，具體表現為融資成本高、短期負債比例大。恒大的融資成本在 10% 左右，其他房產企業則不到 5%。恒大的現金短債比只有極低的 0.67，恒

大借入大規模的高息短期貸款,以及不斷啟用金融專案融資,以推動資金高周轉,一旦流動性危機爆發,高息短期貸款逼上門,金融專案陷入債務螺旋,就沒有太多喘息空間。

02 個體性風險和系統性風險

恒大債務危機是否會引發系統性風險?

系統性風險包括房地產風險和銀行風險。我們先看銀行風險,恒大的銀行借款涉及 100 多家銀行,借款規模為 2,000 多億人民幣,其中兩家銀行就超過 200 億人民幣。如果恒大破產,貸款違約,那麼銀行系統就要吃下這 2,000 多億元的不良貸款。僅就這一規模來說,不足以觸發銀行業的系統性風險。但是,我們不能只考慮恒大一家房地產企業,而是要考慮整個房地產市場。房地產業的風險,一看大型房地產的債務風險,二看房地產價格。

恒大債務危機是流動性危機,是由房地產業的流動性不足引發的。同樣陷入流動性困境的還有同為受到中國房產政策的七家房產企業。而除了這八家上市房產企業(包括恒大)外,多數上市房企都有一定的融資能力,應該不足以觸發房地產系統性風險。

當然,這並不是說房地產是絕對安全的,畢竟全球總體經濟的不確定性愈加顯著。中國房地產市場與商業銀行風險、地

方政府債務以及總體經濟穩定高度關聯。可以說，房地產市場的安全係數取決於總體經濟的穩定係數。

03 明斯基時刻和沃克時刻

是否該拯救恒大？

不救，如何避免系統性風險？拯救，如何避免道德風險？

這讓人聯想到 2008 年的雷曼危機。當時，美國聯邦政府和聯準會前救了貝爾斯登、房地美、房利美，後救了美國國際集團、花旗銀行等一眾企業，唯獨坐視雷曼破產。為什麼？當時，財政部長鮑爾森（Henry M. Paulson）和聯準會主席柏南奇（Ben Shalom Bernanke）在救助貝爾斯登、「兩房」上引發了民眾不滿。他們擔心，拯救走投無路的雷曼會觸發道德風險，但也不願意看到雷曼破產引發金融風險。於是，兩位官員試圖逼迫華爾街救助雷曼。當美國銀行、英國巴克萊銀行退出救助時，雷曼破產成為定局，同時還引發了金融海嘯。

僅目前來看，恒大不是雷曼。雷曼破產引發金融危機的前提是次級房貸危機，即大規模的住房抵押貸款違約已是一觸即發。雷曼持有大量住宅地產抵押貸款支持證券，隨著房價猛跌，這一證券的崩潰擊潰了美國金融大廈的基石。如今，中國房地產市場尚未出現住房貸款的違約，主要風險為房地產商的流動性危機。預計，恒大危機不會構成雷曼時刻或明斯基時刻。

還有一種說法是，不拯救恒大是向市場釋放一種訊號：放棄「大而不能倒」的幻想。1997年亞洲金融危機時，日本政府任由日本四大證券公司之一的山一證券和日本大型銀行之一的北海道拓殖銀行破產。這兩家大型金融機構的破產，終結了日本「護送船團方式」。所謂「護送船團方式」，就是不允許有發展過快或者破產的金融機構，即「大而不能倒」。第二年，日本成立了金融監管廳，加強了金融監管，約束財閥勢力對金融機構的「綁架」。

從房地產業大洗牌的角度來看，拯救恒大並不是必選項。商業銀行有容量自行化解恒大帶來的風險破口，中國各地方政府也可確保恒大房屋交付。

經濟學家陸挺在一份報告中將這一事件提升到國家經濟決策的高度。他認為，事實可能會證明整頓房地產行業是「中國的沃克時刻」。所謂「沃克時刻」，大致指的是在1979年保羅・沃克（Paul Adolph Volcker）擔任聯準會主席後實施高度緊縮的貨幣政策，犧牲了短期經濟成長和就業率，但成功地控制了通膨，為1980年代長期經濟成長打下了基礎。

如今，很多人意識到，高房價正在阻礙生育率、消費率的提升。而和陸挺抱有相似觀點的人認為，政府整頓房地產、平抑房價、果斷去泡沫，不惜犧牲短期經濟成長，目的是釋放內需，提升生育率，促進經濟長期穩定成長。

去除房地產泡沫是必要的，關鍵是採取什麼方式。如果措施不當，可能會適得其反，而且並不是把房地產泡沫刺破了，

債務經濟

經濟就能夠長期成長。

實際上,不管是沃克當年控制通膨,還是日本終結「護送船團方式」,促進經濟恢復的方式均來自「破後再立」,其中的關鍵在於「立」——美國雷根改革破除了干預政策,沃克以高度緊縮的貨幣政策重新建立了美元的信用;日本政府推行了「二戰」以來最徹底的金融改革及司法改革,實施浮動匯率,開放金融市場,同時大力發展科學技術。

「沃克時刻」意味著從制度上改變當前的經濟成長邏輯,是一種艱難的社會經濟轉型。因此就當前情況來說,恒大危機也不構成中國的「沃克時刻」。

如果上升到國家經濟政策的高度去理解房地產,則需要辨識當前房地產問題的實質。本質上來說,中國房地產問題是當前經濟成長邏輯中的輸入性通膨問題。

自 2001 年加入世界貿易組織後,中國出口大規模增加,在結匯制度下形成大量的外匯占款。基於外匯占款在中國國內投放了大量的貨幣和信貸,從 2012 年開始,信貸投放的第一大部門就是房地產。

換言之,長期以來,源源不斷的外匯輸入,經過銀行系統最終進入了房地產市場。如果這個管道不改變,外匯輸入越多,房地產市場通膨則越高。中國政府頒布的房地產管制政策目的就是掐住這個源源不斷地給房地產注資的管道。這就是當前的困境。

債務時代

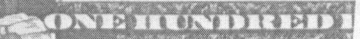

　　從 2009 年到 2021 年，全球經濟普遍走向低利率、低通膨、低成長、高福利、高貨幣、高債務。這被認為是「日本化」特徵。

　　為何會如此？這一走勢的出口在哪裡？

　　貨幣制度的演變，理應成為觀察全球經濟衰退、蕭條、動盪特徵的重要視角。

　　人為配置貨幣，本質是一種計畫經濟、統制經濟，不僅導致貨幣錯誤配置，引發泡沫危機，還擴大貧富差距。

　　債務危機爆發後，「最後貸款人」出手相救，中斷市場出清，又繼續醞釀下一場危機。債務危機不是出自個別、偶然的信用失守，而是當今全球貨幣問題醞釀的風暴。

| 債務時代 |

債務危機成因：負利率與高槓桿

2016 年，巴菲特（Warren Buffett）坦言，負利率使他困惑，活了 80 多年也沒想到會有負利率，稱它是個「奇蹟」。

如今，負利率已成大勢所趨，歐洲各國紛紛加入負利率大軍，開啟負利率時代。

2021 年，世界各國已有超過 16 兆美元的負收益率國債，比利時、德國、法國和日本等國的 10 年期主權債券收益率都已經進入了負值區域。

對此，巴菲特的態度是保守的。他認為，負利率不一定是世界末日，只是希望自己能活得久一些，有更多的時間了解負利率。

曾經的聯準會主席柏南奇倒是樂觀的。他認為，如果財政政策能夠分擔央行穩定經濟的壓力，負利率「完全可以是極為有益的」。

不過，銀行圈、資本圈對負利率的看法普遍悲觀。「負利率是毒藥」、「負利率是量化寬鬆的延續」、「負利率預示著危機即將到來」，這類言論成為主流。

負利率是拯救經濟的良藥，還是反映出世界經濟已到了「窮途末路」？

01 負利率 經濟成長逼近極限

負利率無疑是反常識的。

我們先來看看世界是如何進入負利率時代的。

從1980年代至今，歐美國家的整體利率水準呈現明顯的遞減趨勢。

以美國為例。1979年，沃克擔任聯準會主席後大幅度提升聯邦資金利率，最高時達20%。這一高度緊縮的政策，目的是抗擊1970年代持續不斷的高通膨。

1982年，沃克強力抗通膨取得成效，通膨率快速下降。隨後，聯準會逐漸降低聯邦資金利率。這輪寬鬆政策一直延續到了1987年沃克卸任前夕，利率最低降到6%附近。中間1984年拉美債務危機期間也採取過緊縮措施，但幅度小、時間短。

1987年，葛林斯潘掌管聯準會後開始升息。當時的利率水準處於較高的階段，這輪緊縮週期上升了超過3個百分點，幅度不算大，最高時利率也未到10%（利率最高上調至9.8125%），但引起老布希（George H. W. Bush）總統的不滿。

老布希政府期間，經濟比較低迷，1990年，老布希發動波斯灣戰爭，葛林斯潘開始降息，開啟了大幅度降息潮，利率最低下降到3%多。老布希執政4年，貨幣政策一直處於寬鬆週期，利率共降了6個百分點左右。

1992年，柯林頓（Bill Clinton）提出「笨蛋，問題是經濟！」

債務時代

（It's the economy, stupid!）的口號，擊敗了老布希擔任總統。1994年，葛林斯潘開啟了新一輪緊縮週期。這輪升息週期時間很短，力度有限，只加了不到3個百分點（1994年2月至1995年2月，從3.25%升息至6%）。

柯林頓執政8年期間，美國經濟好轉，就業率提升，政府赤字和通膨可控，利率水準比較穩定，維持在5%左右。

2000年，小布希（George W. Bush）接任美國總統，年底因投資過熱爆發網路泡沫，葛林斯潘快速降息，在短短一年多時間裡將聯邦資金利率下降到1%附近，下降幅度約為4個百分點。市場迎來前所未有的大寬鬆。

2005年，葛林斯潘意識到過度寬鬆帶來的債務及資產泡沫風險，採取快速緊縮政策，聯邦資金利率恢復到5%左右。隨後，美國次級房貸危機爆發，此時，葛林斯潘已卸任。

2008年，小布希執政最後一年，次級房貸危機直接引爆了全球金融危機。接任葛林斯潘的柏南奇領導聯準會開啟量化寬鬆，聯邦資金利率快速降至接近零。

聯準會連續推出四輪量化寬鬆貨幣政策，聯邦資金利率目標區間長期處於0～0.25%的最低水準。美國這種接近零的利率維持了6年之久。

人類正式進入零利率（名目利率）時代。

零利率已違反了市場規律。世界上沒有任何一種商品或服

務可以零價格出售或出租,但貨幣如今以零價格出租,且規模供應。

這時,奧地利經濟學派的觀點發人深思:貨幣到底是不是一個商品?

市場上,所有的商品及服務都是私人契約創造的,唯有貨幣是公共市場契約創造的。作為公共契約,貨幣市場的供應及價格(利率、匯率)無法完全市場化,受貨幣主管機關的人為影響很大。

若貨幣是一種公共契約創造的商品,那麼零利率的邏輯便是:

國家在做虧本生意,全民來承擔虧損——通貨膨脹或資產價格暴漲。

事實上,這輪零利率並未刺激經濟上漲,反而導致美股、美債暴漲,房地產價格再度恢復。如此,零利率的成本並非由全民共同承擔,金融巨頭及富人的資產並未受到損失反而大賺,普通民眾的購買力卻變相縮水(相比資產價格)。

但是,在這輪寬鬆貨幣政策中,零利率還不是最令人困惑的,負利率顛覆了我們的認知。

歐洲央行邊際貸款利率從 2008 年 7 月的 5.25％ 下調至 2014 年 9 月的 0.3％,存款機制利率(商業銀行存在歐元體系的隔夜利率)從 3.25％ 下調至 -0.2％,並於 2015 年進一步下調至 -0.3％。

債務時代

除歐元區外，瑞士、瑞典、丹麥三國也實施了負利率。其中，瑞士央行於 2014 年 12 月將瑞士法郎 3 月期 Libor 利率下調至 -0.06%，正式加入「負利率大軍」；2015 年，瑞士央行基準利率基本維持在 -0.85%～ -0.72%。

早在 2012 年 7 月，面臨歐債危機及國際資本大量湧入的壓力，丹麥便決定開展負利率實驗。2016 年，丹麥央行存款利率為 -0.65%。

日本央行從 2010 年開始將銀行間無擔保隔夜拆借利率盡量維持在 0.05%～ 0.1%的極低水準，更是於 2016 年宣布將超額儲備金利率設定在 -0.1%。

實際上瑞典央行是第一家實施「負利率」的央行，從 2009 年 7 月開始負利率實驗，將存款利率減至 -0.25%，1 年後才恢復為零。

2015 年 2 月，瑞典正式開始實施負利率，將基準利率從零下調至 -0.1%。

本輪負利率被普遍認為是針對全球量化寬鬆的補救措施。量化寬鬆並未促使資金流入實體，銀行系統出現逆向選擇，大量資金滯留在金融系統中。

歐洲央行及日本央行將商業銀行在央行中的存款利率下調到負數，試圖透過零利率刺激銀行放貸，倒逼資金進入實體經濟。丹麥及瑞士央行的零利率政策是跟進之舉，目的是維持匯

率穩定。

2015 年 12 月開始，葉倫（Janet Yellen）和鮑爾（Jerome Powell）接替執掌聯準會後，開啟了一輪新的緊縮週期。但是，這輪升息力度非常有限，只加了 2.5 個百分點。

2019 年 8 月，聯準會結束升息週期，宣布降息 25 個基點，聯邦資金利率目標範圍下調 25 個基點至 2%～2.25% 的水準。

受聯準會降息刺激，早已不堪重負、在零利率上下掙扎的歐洲利率迅速轉負。

目前，世界各國已有超過 16 兆美元的負收益率國債，全球約 1/3 的主權債務存量的收益率為負，比利時、丹麥、德國、法國和日本等國的 10 年期主權債券收益率都已經進入了負值區域。其中，丹麥的第三大銀行提供利率為 -0.5% 的 10 年預售屋房貸。

葛林斯潘認為，美國出現負利率只是時間問題。他說：「現在幾乎在世界各地都能看到負利率，在美國也將變得更多，這只是個時間問題。」

其實，負利率是寬鬆政策的延續，是貨幣政策「黔驢技窮」之表現。

2016 年，日本政府推出負利率國債，結果日本央行直接認購。

這實際上是央行直接釋放流動性為政府財政融資，政府獲

得負利率貸款，債務負擔降低。

負利率與財政赤字貨幣化相結合，是一種不計後果的寬鬆政策。

從整體趨勢來看，最近四十年，不論是歐洲、日本，還是美國，利率水準都不斷走低，最終走入負利率似乎是必然結果。

這是為什麼？

可以看出，每一次降息幅度都要大於升息幅度，如此，利率便呈波浪式下行。以聯邦資金利率為例，從1982年降息開始算起，幾乎每一次降息幅度都比升息更大。

這種「強勢降息、溫和升息」政策，本質上是在飼養「經濟巨嬰」。

02 高槓桿邊際收益逼近極限

負利率無疑是違背經濟規律的。

為什麼緊縮週期時不乾脆調高利率，避免走向負利率呢？如果每一次升息和降息的幅度差不多，利率就還有操作空間，不至於走向零利率和負利率。為什麼聯準會不這麼做呢？

聯準會的貨幣政策是依據通貨膨脹率、失業率及金融穩定三個指標而制定（目標）的，而不是聯邦政府的命令或其他總體經濟目標。

自沃克（Paul Volcker）時代開始，聯準會逐漸擺脫了白宮附屬機構的形象，市場威望大幅提升。後來，聯準會經歷了一系列改革，尤其是1990年代的單一目標制的建立，使聯準會的獨立性大大增強。聯準會主席及理事，基本上按照以上三大目標制定政策。

每當經濟走弱，通縮顯現，失業率上升，聯準會則開啟寬鬆政策，以刺激經濟成長。

每當經濟復甦，通膨顯現，逼近充分就業，聯準會則開啟緊縮政策，以抑制經濟過熱。

但每次寬鬆週期的降息幅度都比緊縮週期的升息幅度大許多，因為降息總是皆大歡喜，升息則令人煎熬。聯準會主席鮑爾一次試圖繼續升息的嘗試，遭受了各方面壓力，包括川普（Donald Trump）的反對、美股崩盤、經濟通貨緊縮等。

而聯準會越降息，經濟越是「虛胖」，越不敢升息，最終只能走向零利率，甚至是負利率。

這說明什麼問題？

經濟成長率持續走低。

事實上，最近40年，美國、歐洲正是在一次次升息中，經濟成長率越來越低，並最終掉入低成長陷阱。

為什麼？

貨幣刺激違背了經濟規律──邊際收益遞減規律。所謂邊

際收益遞減規律,即在技術能力不變的前提下,當某種生產要素的投入數量增加到一定程度以後,增加一單位該要素所帶來的效益增加量是遞減的。

比如,在技術能力不變的前提下,往功能手機領域投入越多資本,邊際收益率越低,甚至會因產能過剩而虧損。

在一國技術水準沒有大幅度提高的前提下,央行推行寬鬆政策,大量超發貨幣,其結果必然是邊際收益率持續下降,經濟成長率持續走低。

具體來說有以下兩種表現:

一是大量資金進入實體經濟,短時間內產能迅速上漲,帶動經濟成長,但很快就會陷入產能過剩的陷阱。

由於技術未革新,大量的重複生產導致邊際收益率下降,大量資金退出。央行進一步下調利率,但資本滯留在金融市場打轉,不再進入實體。

二是大量資金進入房地產、股票及債務等金融市場,資產價格、房價暴漲,金融異常繁榮,看似形勢一片大好。

這種資產價格虛漲,其實是一種貨幣現象。

金融價格持續走高,而實體經濟的邊際收益率持續下降,二者南轅北轍。每一輪寬鬆週期都在降低實體經濟的邊際收益率,每一輪緊縮週期都在小心翼翼地呵護金融泡沫。如此,貨幣政策越往前走,經濟風險越大。

債務危機成因：負利率與高槓桿

一旦利率市場有風吹草動，或外溢風險侵入，金融資產立即崩盤，進而本已脆弱不堪的實體經濟全面瓦解。

這時，第一張倒下的骨牌一般都是債務市場（外溢風險則先發於外匯市場）。

為什麼會是債務市場？

因為每一輪強勢降息都在加槓桿，每一輪溫和升息都在呵護槓桿。如此，一輪一輪過後，經濟槓桿比率逼近極限。

所以，在寬鬆週期時，即使是零利率、負利率，實體企業也已經消耗完信用額度，無力再貸款（銀行逆向選擇，也不願意放貸）。

因為每一輪強勢降息都在降低邊際收益率，每一輪溫和升息都在干擾市場淘汰機制。如此，一輪一輪過後，邊際收益率已經非常低。

所以，在緊縮週期時，銀行稍微提高利率，如此之低的收益率就消失了，企業就會虧損，債務負擔加重，甚至爆發債務危機；或者銀行收回融資，脆弱的資金鏈斷裂，企業倒閉，債務危機爆發。

從1980年代開始，每一輪寬鬆週期都大幅度提高了美國的債務率。2000年，為了應對網路泡沫危機、拯救美國經濟，葛林斯潘大幅度下調利率。

同時，小布希政府提出「住房再造美國夢」計畫，房地美、

房利美藉著低利率大量發放房貸，雷曼、美國國際集團等金融大廠則買入大量的基於房產證券的衍生品。

在 2007 年之前，美國房價暴漲，金融異常繁榮。但是，葛林斯潘在 2005 年開始大幅度升息，加了 4 個百分點 —— 相當於 2000 年緊縮週期的降息幅度。

這是唯一一次升息幅度等於上次降息幅度的緊縮操作，就引爆了美國歷史上最嚴重的一次次級房貸危機。

這就是「強勢升息、溫和降息」的原因 —— 貨幣超發導致邊際收益率遞減，債務率走高，貨幣緊縮則容易造成債務市場的崩潰。

但是，金融危機爆發後，聯準會實施量化寬鬆，美國公共債務與 GDP 的比值再次大幅上升，在 2018 年達到 78%，遠高於過去 50 年的平均值 41%。

如此，邊際收益率更低，債務規模更大，資金鏈更加脆弱，美股資產泡沫更加嚴重。這就限制了聯準會繼續升息 —— 只上調了 250 個基點 [01] 就降息。

2019 年開啟新一輪寬鬆週期，聯準會的操作空間非常有限，理論上只有 250 個基點的降息空間。換言之，聯準會已陷入「無米之炊」的窘境，除非實行負利率和大規模量化寬鬆政策。

---

[01] 基點是指評估債券利率變動的最小計量單位，1 個基點等於 0.01%。

債務危機成因：負利率與高槓桿

負利率實際上是極端的寬鬆政策，違背經濟規律的刺激政策。

負利率實施越久，債務規模越大，債務風險越大，經濟越脆弱。

負利率刺激的是「劣質需求」。

在信貸市場上，有兩類企業銀行不敢輕易對其放貸：

一種是可以接受極高利率的企業——出現資金鏈危機，急需資金輸血，不惜向高利貸借款。

另一種是只能接受極低利率，甚至是零利率的企業——說明盈利能力極差，無法承受高利率。

在負利率下，只能接受負利率的企業，其收益率已逼近零。這種企業其實是劣質企業，應該被市場淘汰；這種貸款需求是劣質的需求，屬於次級貸款。如今用負利率供養他們，實際上違背市場規律而飼養「巨嬰」。

一旦利率提高，乃至轉正，這類企業就可能會虧損，引發債務危機。這類次級房貸越多，利率政策、貨幣政策越被牽制，稍微提高利率或緊縮貨幣，就會立即爆發債務危機。

貨幣超發能夠緩解一時之痛，但無法迴避邊際收益遞減規律的懲罰。

負利率，至少可以說明這幾個問題：

第一，央行貨幣政策已經「黔驢技窮」，利率操作空間很小；

聯準會宣布將利率上調250個基點時，也就等於上升了2.5個百分點。

第二，經濟成長極度依賴貨幣寬鬆政策；

第三，邊際收益率已極度低迷，負債率極高，經濟極為脆弱。

如此，距離經濟危機還有多遠？

03 假公利公共利益扭曲市場

巴菲特說：「你去看看亞當斯密的書，看看凱因斯的書，看看任何人的書，你根本找不到任何一本書寫過關於長時間實行零利率的隻言片語，這簡直就是一個奇蹟，從來沒有人設想過會發生這樣的情況。」[02]

負利率確實超過了當年經濟學家的預期。

經濟學家傅利曼在1960年代出版的《價格理論》(*Price Theory: A Provisional Text*)中曾經論述過負利率。

傅利曼認為，負利率只存在於自然經濟中，相當於財產所有者繳納的委託保管費，其前提是，財產所有者必須有其他收入，能夠支付得起這筆保管費。

在現實的貨幣經濟中，傅利曼否定了負利率的存在。

---

[02] 巴菲特坦言：我沒料到全球負利率它是「奇蹟」[EB/OL]。鳳凰財經，2016-04-30。

為什麼利率不可能為負？

當利率逐漸下降時，價格機制就會發揮作用，信貸需求擴大；當利率下降到接近零時，信貸需求會大幅度增加，從而推動利率上漲，經濟走向景氣。這是最基本的供求定律。

如今，利率為什麼跌為負數？是不是市場失靈、價格機制失效？

我們可以推演一下長期負利率會導致什麼結果。

負利率意味著放貸方的損失，這一損失的直接承擔者便是商業銀行。

據英國經濟分析機構凱投宏觀（Capital Economics）的預測，在歐洲目前實行負利率的四個經濟體（瑞士、丹麥、瑞典和歐元區）中，負利率實際每年為該地區銀行帶來的新增成本約為45億美元，其中利率最低的瑞士銀行業承壓最明顯。

負利率直接造成銀行盈利水準下降。以歐洲為例，2015年第四季度歐洲大型銀行的財報顯示，15家大銀行中虧損的有6家，利潤下降的有9家，而2016年以來這些銀行的股價悉數下跌，跌幅遠大於同期歐洲主要股指的跌幅。

負利率促使投資組合發生轉變，越來越多資金從儲蓄銀行轉向投資銀行，投向股票及風險更高的金融資產。這種情況將惡化商業銀行的資產負債表，衝擊銀行風控體系，同時加劇金融市場的資產泡沫。

債務時代

若銀行發生危機，或資產價格崩盤，或債務危機爆發，最終誰為此買單？

參考 2007 年次級房貸危機及之後的金融危機，央行以「最後貸款人」的身分站出來拯救美國國際集團、高盛、房地美、房利美、花旗銀行等金融大廠，同時實施大規模的量化寬鬆。

央行是問題的產生方，最終也是解決方，只是用了製造問題的方式來解決問題。

央行發行法定貨幣是一種公共契約，實行寬鬆貨幣救市是執行公共契約，目的是實現公共利益。

但實際上，市場中並不存在「公共契約」，也不存在「公共利益」，只有私人企業與私人利益。

經濟學各流派都承認以自利為原則的市場法則，凱因斯也承認這一點。在自由市場中，每個人都按照自我利益最大化的原則做出經濟選擇，基於私人產權從事交易，每一個契約都是私人契約。

若市場交易中，按照他人的利益或公共利益行事，執行的是公共契約，這種交易的結果定然是福利損失，因為這是違背人性、違背規律、破壞交易公平及自由的行為。

債務危機爆發後，央行以「最後貸款人」的身分，打著「公共利益」的旗號，為金融大廠兜底。這一行為實際上是以人為的方式破壞了市場的供給、價格、獎勵及懲罰機制。

經濟危機爆發並不是市場失靈,恰恰是市場的「報復」。

市場以快速緊縮、強力去槓桿的方式,讓做出錯誤決策的金融大廠及交易者接受懲罰,同時也在變相獎勵做出正確決策的交易者,儘管這部分交易者這時屬於少數派。

若央行出手救市,破壞了市場的貨幣供給及價格,實際上是在免除對那些犯了錯誤的交易者的懲罰,對於做出正確決策的交易者來說是極為不公平的。

這就是市場交易中的公共利益悖論。

經濟危機發生時大多數人利益受損,但若此時按照大多數人的意願做出貨幣寬鬆決策,無疑是飲鴆止渴。通往奴役之路的恰恰是這種非理性的善良、違背規律的仁慈以及多數人的期待。

但若不按照大多數人的意願,應該遵循什麼原則?

可惜的是,貨幣並不是私人契約,而是公共契約。貨幣市場的供給及價格不是由市場法則(自由的市場競爭)決定的,而是由人來決定的。

從哲學角度來看,萬物總有「阿基里斯之踵」(Achilles' heel)。市場交易中,所有的商品都是私人契約,所有的行為都是私人利益,唯有貨幣是公共契約、公共利益,其正好成為了市場的「阿基里斯之踵」。

經濟學家一直在探討一種機制,讓貨幣這一公共契約自發地脫胎於自由市場,而不是由人控制。

債務時代

不喜歡中央集權的美國人曾兩次否決了中央銀行。但是，面對持續不斷的銀行危機，美國人還是決定成立中央銀行。美國政治家將聯準會劃分為多個機構，權力極為分散且相互制衡。

但是，聯準會依然遵循的是英國經濟學家巴治荷的「最後貸款人」原則。符合「最後貸款人」原則，這也是當年柏南奇為其量化寬鬆辯解的最主要依據。

1950年代，聯準會主席馬丁將聯準會從聯邦財政部中獨立出來。1970年代，傅利曼在理論上致力於推崇聯準會的獨立，沃克則在行動上樹立了聯準會的威望。

聯準會的機制將貨幣這一公共決策權交給社會菁英，希望聯準會主席及理事按照學術原則──接近市場法則，做出科學的貨幣政策，而非屈從於白宮、華爾街、任何利益集團以及多數人原則。

聯準會主席鮑爾在2019年8月宣布降息時承受著巨大的壓力。沃克、葛林斯潘、柏南奇、葉倫四位聯準會前主席發表署名公開信：

「我們一致堅信，為了經濟利益最大化，聯準會及其主席必須被允許獨立行動，不受短期政治壓力的影響，尤其是聯準會官員不會因為政治原因而受到撤職或降職的威脅。」

曾經的貝殼、鐵釘、黃金、金本位貨幣，以及海耶克的貨幣非國家化、中本聰的比特幣、Facebook的天秤幣，都是貨幣

擺脫「公共契約」、「公共利益」的探索。

但「市場法則」未降臨貨幣領域之前，只有獨立的央行機制才能最大限度地降低「公共契約」對市場的扭曲。

參考文獻

(1) 米爾頓・傅利曼。價格理論 [M]。蔡繼明、蘇俊霞，譯。北京：華夏出版社，2011。

結構性分析：通膨與通縮

當今世界，貨幣及財政持續擴張，貧富差距持續擴大——廉價貨幣追漲金融資產，資本市場通膨，高收入者金融資產通膨；資本市場通膨擠壓消費與實體投資，低收入者有效需求不足，消費市場通縮，低收入者薪資收入通縮。

由此造成世界經濟在 2008 年到 2020 年間的結構性通膨問題。

本節以貧富差距為切入點，探索世界經濟結構性通膨問題之根本原因。

債務時代

01 貧富差距 通貨膨脹 VS 通貨緊縮

通膨，還是通縮？

仔細研究這個問題，可以帶我們透視當前經濟的癥結。

2020 年第一季度，COVID-19 疫情影響了供給端，形成了一波物價上漲衝擊，美國勞工部最新公布的資料顯示，2020 年 4 月美國消費者物價指數持續下跌至 0.3%，3 月是 1.5%。於是，很多經濟學家擔心中國甚至全球經濟正在陷入通縮。

不少人感到奇怪，中國、美國、日本等國家，在 2008 年金融危機後都發行了大規模的貨幣，為什麼沒有爆發通貨膨脹？

疫情期間，聯準會將聯邦資金利率降到零，貨幣閘門大開。

2020 年 3～6 月，聯準會資產負債表擴大了 3 兆美元，其規模升至 7.03 兆美元。貨幣超發為何沒有引發通膨，經濟反而陷入通縮？

休謨、賽伊、穆勒、馬歇爾、傅利曼等經濟學家都主張貨幣中性，即貨幣供應量增加定然導致價格上漲。

傅利曼考察了美國西元 1867～1960 年貨幣供給與通貨膨脹之間的關係，得出的結論是：「通貨膨脹在任何時候，任何地方都是貨幣現象。」根據費雪方程式，國民收入水準和貨幣流速不變，貨幣供應量決定了物價水準，貨幣越多，價格越漲。

通膨是過多的貨幣追逐過少的商品。但是這裡需釐清兩個

結構性分析：通膨與通縮

問題：

一是不管是傅利曼的貨幣數量論還是費雪方程式都基於長期研究，貨幣流速在長期保持不變，但是短期內可能發生劇烈變化。

比如，2020 年 3 月美股暴跌引發流動性危機，投資者紛紛「窖藏」美元，改變了美元的流速，導致全球資本市場美元短缺。這就是凱因斯所說的流動性陷阱[03]。

於是，聯準會透過量化寬鬆直接向資本市場補充美元，市場上出現了更多的貨幣。短期來說，即使貨幣發行量增加，市場依然可能陷入通縮。

二是即使陷入通縮，也不能否定貨幣中性理論。

因為通膨或通縮通常以消費物價指數為標準，但消費物價指數不能反映整體物價水準。物價下跌，但是房價、股價可能上漲，這說明貨幣發行量增加推動了價格上漲。

3 月聯準會救市以來，道瓊斯指數觸底反彈，從最低點的 18,591 逐步回升，到 5 月 27 日已上漲到 25,548。那斯達克指數更是呈「V 形」反轉，從最低的 6,631 升到 5 月 27 日的 9,412，與暴跌之前的最高點 9,838 近在咫尺。

可見，市場並非水平的，過多的貨幣流入市場不一定會導

---

[03] 流動性陷阱是凱因斯提出的一種假說，指當一定時期的利率水準降低到不能再低時，人們就會產生利率上升而債券價格下降的預期，貨幣需求彈性就會變得無限大，即無論增加多少貨幣，都會被人們儲存起來。出現流動性陷阱時，再寬鬆的貨幣政策也無法改變市場利率，使得貨幣政策失效。

致價格整體上漲；不同的貨幣傳導機制及信貸投放方向，影響了區域性價格的變化。

與休謨同期的經濟學家、金融家理查‧坎蒂隆在（Richard Cantillon）其唯一的著作《商業性質概論》（*Essay on the Nature of Commerce in General*）中提出貨幣流通的非均衡性：「貨幣增量並不會同一時間反映在所有的價格上，貨幣量增加會導致不同商品和要素價格漲幅程度不一致。貨幣增加對經濟的影響，取決於貨幣注入的方式、管道以及誰是新增貨幣的持有者。」這就是「坎蒂隆效應」。

從2009年到2018年，中國廣義貨幣增加了120多兆元。其中一部分貨幣以信貸投放的方式流向房地產市場，房價持續上漲。

同期，美國貨幣增發方式主要是量化寬鬆而非信用擴張，聯準會直接在債券市場上購買國債及住宅抵押債券，直接推動債市規模擴張及股票價格上漲。

如果貨幣可以自由流通，定然會根據收益率、風險及效用而自動調節。比如，信貸貨幣投放到房地產中，當房價上漲到一定程度，有些投資者考慮風險可能會將資金配置在股票上，然後推動股票價格上漲。

但是，如果人為製造的市場「窪地」、「高牆」，阻礙貨幣流通，貨幣難以得到充分配置，不僅區域性「高溫不退」，還可能導致「冰火兩重天」，即貨幣擴張導致通膨與通縮同時存在。

結構性分析：通膨與通縮

奧地利學派經濟學家米塞斯提出，信用擴張可能引發通貨緊縮。在他看來，信貸如果向生產性領域擴張，很容易引起商品供給過剩，從而導致物價下降。這樣，貨幣擴張帶來的就是通縮而非通膨。如果擴張貨幣長期流向金融市場，可能引發金融市場的通膨。

可見，量化寬鬆及信貸分配傾斜的問題（非市場化）很可能導致有效需求不足，引發經濟衰退。

美國的信貸及金融市場發達，商業銀行的信貸配給主要由價格決定，因此主要問題出在聯準會的基礎貨幣投放上。

聯準會壟斷貨幣發行權，人為配置基礎貨幣，主導基礎貨幣的投放，造成了市場扭曲。

比如，2008 年的金融危機和 2020 年 3 月分的股災，商業銀行考慮市場風險減少信貸發放，市場陷入流動性危機，聯準會則直接繞過商業銀行向市場主體提供貸款，同時直接在債券市場中購買國債和住房抵押貸款債券。聯準會直接向金融市場輸血，債券市場規模膨脹，股市反彈逆勢上漲。

與金融市場的「紙醉金迷」相比，消費市場上資金有限，導致有效需求不足。從 2008 年到 2014 年，聯準會持續擴張資產負債表規模，擔心市場陷入通縮。

與美國不同的是，中國的貨幣擴張主要依賴信用擴張。但是，因利率市場化程度不夠，信貸配給並非完全由價格決定，

債務時代

信貸分配傾斜是有效需求不足的主要原因。比如，信貸分配向房地產傾斜導致房價持續上漲，房價上漲擠出消費，導致有效需求不足，消費市場缺少動力。

貧富差距擴大又進一步導致有效需求不足，加重市場通縮和經濟衰退。

貧富差距擴大是理解當今經濟問題的關鍵切入點。

在大蕭條期間，凱因斯從有效需求不足的角度探索經濟蕭條。

他的角度是對的，但是成因搞錯了。凱因斯認為，邊際消費傾向遞減、資本邊際效率遞減、流動性偏好（三大定律）造成有效需求不足。傅利曼則論證了他在有效需求成因方面的錯誤。

其實，造成有效需求不足的原因是貧富差距過大。大蕭條前，美國的貧富差距達到峰值，富人占有絕大部分財富，並將其配置在投資品上，窮人則沒有消費能力，導致資本市場膨脹，消費市場則因有效需求不足而低迷。

大蕭條後，美國實施福利政策，加大轉移支付，貧富差距逐漸縮小。但是，從1980年代開始，投資銀行及跨國公司崛起，金融資產價格持續膨脹，貧富差距再次擴大。如今美國貧富差距日漸接近大蕭條前期的峰值。

為什麼？

從葛林斯潘開始，聯準會實施「不對稱操作」，持續下調利率，低利率、寬鬆貨幣相當於給富人提供更加廉價的籌碼，大

量貨幣流入資本市場推高了金融資產價格，使富人的財富膨脹。2008 年金融危機後，聯準會直接為金融市場輸血，進一步加劇了貧富差距。

所以，貧富差距是市場失靈的關鍵性因素。不合理的貨幣政策導致貧富差距擴大，進而導致社會撕裂、市場割裂，經濟「冰火兩重天」：窮人有效需求不足，消費市場低迷，實體經濟通縮；富人融資成本低，過多的貨幣追漲金融資產，資本市場通膨。

受疫情衝擊，家庭收入下降，消費信心受挫，經濟陷入一種惡性循環（根本邏輯）：

貨幣擴張──量化寬鬆、信貸非市場導向配給──資本市場通膨──貧富差距擴大──有效需求不足──消費市場通縮──經濟衰退、蕭條──貨幣擴張……

貨幣越多，越是難以扭轉。

02 美債悖論 功能財政 VS 平衡財政

需要注意的是，貧富差距是理解問題的視角，但其本身不是問題所在。貧富差距是市場的副產品，只要有自由競爭就會有貧富差距。

貧富差距多大是大，多小是小，這並不重要。重要的是，杜絕人為製造、擴大貧富差距，或者推行平均主義。

針對當前的經濟困境，應減少人為擴大貧富差距的手段，

如量化寬鬆、信貸配給失衡，提升中低階層的收入，提高其消費能力，增加有效需求，財政政策需要更加「有為」。

很多人可能會想到財政投資，但財政投資反而加劇了貧富差距和有效需求不足。

財政投資是一種功能財政，不惜增加財政赤字以加大投資，提升有效需求。功能財政容易將政府變為營利性機構，與市場爭利。

如今的問題已經非常明朗，中低階層收入不足，導致有效需求不足。如果政府財政部門有錢，應直接將錢發給低收入者，以彌補人為導致的有效需求不足。

很多人擔心這些人把錢存起來不消費。錢發到每個人手上，每個人自由支配這筆錢，這錢才能「用在刀口上」，社會福利才能最大化。

政府需要建立社會福利體系，長期透過轉移支付使財政向中低收入者傾斜，才能縮小貧富差距，解決有效需求不足的問題，如此經濟才能正常運轉。

在美國，每一次金融危機都會引發一場民粹運動，為了滿足選民需求，美國總統都會擴張財政增加民生支出。

以 2018 年的美國聯邦政府支出為例。聯邦政府支出 4.15 兆美元，比收入 3.31 兆美元高不少。其中，醫療 1.11 兆美元，社會保險 9,980 億美元，失業困難救濟 2,970 億美元，聯邦退休金

2,650億美元,合計2.67兆美元,占財政總支出的65%。

COVID-19疫情期間,美國政府和聯準會啟動了保底式的緊急應變措施。在2兆美元的財政刺激計畫中,5,600億美元是直接補貼給家庭與個人的現金,占美國GDP的2.9%。合計年收入不超過15萬美元的夫妻可獲得2,400美元,每個孩子還可額外獲得500美元。

但是,為低收入家庭保底式的財政政策,為保障民生的財政政策,反而擴大了貧富差距。

史丹佛大學的研究資料顯示,美國的中產階級在2008年金融危機裡損失慘重,大約損失了總財產的四分之一。2008～2018年,中產階級財富在減少,低收入者的財富成長緩慢,而富人的財富卻在快速增加。

瑞士銀行和普華永道的億萬富翁報告的數據顯示,全球億萬富翁的財富已從2009年的3.4兆美元增至2017年的8.9兆美元;而美國家庭財富中位數卻停滯不前。

美國經濟政策研究所2018年的一份報告顯示,美國大型企業CEO們的薪酬現在是普通員工年平均薪酬的312倍,而2009年為200倍,1989年為58倍,1965年為20倍。

這是為什麼?

主要原因是財政資金的來源方式出了問題,即「國庫通了銀庫」(有些國家則是分配制度出了問題)。

債務時代

前段時間爭議大的財政赤字貨幣化，簡單理解就是「國庫通銀庫」。這種做法，其實是違背經濟學規律的。

財政收入主要來源於稅收，如果入不敷出，財政可以向市場借錢，但借錢也是以稅收收入為擔保的，政府的信用不可能無限度透支。

財政赤字貨幣化，相當於把包袱甩給了央行，但是央行印鈔也不是無限的，也需要抵押資產做背書，更重要的是需維持貨幣價格穩定。

在信用貨幣時代，央行的抵押資產通常是黃金、國債、證券及外匯，美元是用什麼支撐呢？

聯準會最主要的資產是美國國債。為了應對COVID-19疫情衝擊，2020年聯準會開啟無限量化寬鬆。截至2020年5月初，聯準會資產負債表規模升至6.77兆美元，比2019年初擴大了2.8兆美元。其中，國債規模達3.91兆美元，占比為57.75%。

有些人擔心，美國國債規模太大，超過財政支付能力。但是，美國國債並不是以稅收收入為擔保發行的，而是以美元為擔保發行的。聯準會是美國國債最大的持有者，為國債作為最後支撐。這樣美元與國債之間就形成一個悖論：美元以國債為抵押發行，國債又以美元為擔保發行（空對空）。

美國國債擴張的同時，美元也在擴張。美元擴張帶來的低

利率及國債、住房抵押債券的繁榮，推高了股票、房地產等金融資產的價格，從而增加了富人的財富；金融泡沫對實體經濟及消費造成排擠效應，實體經濟通縮，窮人實際收入下降。如此，積極的財政政策反而加劇了貧富差距，進一步導致有效需求不足和資產價格膨脹。

我們再結合第一部分，加入財政政策深化這一「基本邏輯」：

財政政策和貨幣政策擴張 —— 資本市場通膨 —— 貧富差距擴大 —— 有效需求不足 —— 消費市場通縮 —— 經濟衰退、蕭條……結果，窮人通縮：貨幣貶值，實際收入下降，失業降薪，消費萎縮；富人通膨：房價上漲，金融資產價格膨脹。

03 基本邏輯 窮人通縮 VS 富人通膨

當今世界經濟的問題，是被錯誤的財政政策和貨幣政策反覆折騰的結果。

從 2009 年到 2021 年，世界經濟基本上形成了「低通膨、低成長、低利率、高泡沫、高債務」的局面。財政擴張和貨幣擴張擴大了貧富差距，窮人傾向於消費，但收入不足；富人傾向於投資，將大部分收入用於投資。財政和貨幣持續擴張，利率越低，富人資金越充足，投資越多，但占人口大多數的中低收入者沒有足夠的消費能力，導致投資過剩、產能過剩和低通膨。富人將資金配置從實體轉移到金融資產，推動房地產價格上

漲，形成高資產泡沫。高資產泡沫，如高房價，擠出了中低收入者的消費，進一步使經濟通縮並拉低成長，同時增加了債務規模（房貸）。

貧富差距擴大是理解這種經濟局面的關鍵切入點。主流經濟學，主要是指1970年代後興起的新自由主義，很難解釋貧富差距持續擴大，甚至很多人認為，新自由主義的經濟政策是貧富差距擴大的根源。

從歷史資料來看，大蕭條後到1970年代，凱因斯主義統治的時代，美國的貧富差距其實是逐漸縮小的。從80年代雷根（Ronald Reagan）改革開始，美國的貧富差距持續擴大，其中最主要的推動力是金融資產價格膨脹。金融自由化、持續下行的利率是金融資產價格膨脹的直接動力。

新自由主義沒有辦法解釋或解決凱因斯提出的有效需求不足的問題，更準確地說是馬克思（Karl Marx）提出的貧富差距的問題。

2008年金融危機後，美國民粹主義崛起，貧富差距成為突出的社會問題。2014年，法國經濟學家湯瑪斯·皮凱提（Thomas Piketty）出版了《21世紀資本論》（Capital in the Twenty-First Century）。他使用18世紀至今的財富分配數據資料，論證自由市場導致財富不平等。皮凱提主要從分配制度角度提出解決方案，忽略了財政與貨幣「串通」的問題。

民主黨人桑德斯（Bernie Sanders）自稱是「社會主義者」，

結構性分析：通膨與通縮

他在 2016 年的競選演講中稱：「貪婪、無情、無法無天的華爾街主宰著美國經濟」，「我們必須告訴超級富豪階級和那 1% 的富人，在這個極度不平等的社會上，他們不能霸占一切」。

但是，桑德斯身為政治家只是擅長鼓動人心，而華倫・莫斯勒（Warren Mosler）、威廉・米切爾（William Mitchell）、蘭德爾・雷（L. Randall Wray）等開創的現代貨幣理論可謂「殺人誅心」。

金融危機後，現代貨幣理論在爭議中崛起，代表作有《總體經濟學》、《現代貨幣理論》等作品，桑德斯正是這一理論的支持者。

現代貨幣理論是凱因斯主義在貨幣政策上的應用。凱因斯當年考慮到流動性陷阱和平衡財政，弱化了貨幣政策。而現代貨幣理論直接將貨幣與財政打通，透過財政赤字貨幣化化解危機。莫斯勒認為：「再嚴重的金融危機，也可以透過大規模財政救助來解決。」

為什麼桑德斯及底層人士對現代貨幣理論感興趣？

底層人士渴望透過財政赤字貨幣化來提高社會福利，桑德斯等政客則以此來討好選民、購買選票。對於美國民眾來說，財政赤字貨幣化本質上是向全民徵稅來補貼窮人。

現代貨幣理論支持的財政赤字貨幣化有前提，那就是通膨率、匯率保持穩定。2008 年至 2020 年，聯準會持續兩次大規模擴張美元，聯邦政府持續擴張國債，但美國沒有出現通膨，甚至存在通縮風險。

因此,很多人認為,現代貨幣理論其實是成立的,傅利曼時代的貨幣中性破產了。

其實,現代貨幣理論只適用於美國、日本等極少數國家。世界上大多數國家都無法在大規模印鈔的同時,還能保持穩定的通膨率和匯率。

與多數國家的貨幣不同,美元是「世界貨幣」。根據國際貨幣基金組織的資料顯示,截至 2020 年第二季度,全球外匯存底為 10.5 兆美元左右,其中美元儲備就高達 6.55 兆美元,占全球外匯存底的比重達到了 62.25%。同時,美元占據了全球支付市場的 40%,全球商品定價系統中 90% 以上是以美元計價。

當危機爆發時,全世界都在搶購美元避險。聯準會需要向他國央行、全球金融市場及聯邦政府「印鈔」。美元在金融危機中不但不會下跌,還可能上漲。低通膨和強美元支持聯準會擴張貨幣。

但是,現代貨幣理論同樣忽略了貧富差距問題。財政赤字貨幣化的結果反而擴大了貧富差距。這是為什麼?

關鍵在於美元與國債之間的悖論。國債擴張本應以財政收入為擔保,而不是以美元為擔保。如果美國政府謹守財政紀律,國債以稅收收入為抵押發行,美元以可靠的國債為抵押發行,美元和國債的信用都會非常牢固。

但問題在於,美元並不僅僅是美國人的美元,而是全世界的美元。

結構性分析：通膨與通縮

當今世界的貨幣體系：美元以國債為抵押發行，國債又以美元為擔保發行；他國央行，如中國央行、日本央行又以外匯資產（主要是美元）為抵押發行本幣。他國央行通常會動用美元購買美國國債；他國政府的財政直接或間接地從央行手中獲取融資。

當經濟衰退或爆發金融危機時，市場渴望美元，他國央行渴望美元，美國政府財政部渴望美元。聯準會只能降低利率，甚至直接採購國債，為全球市場、他國央行及美國財政部提供流動性。

為了向全球供應美元，聯準會不得不尋求更多可靠的抵押資產，自然也希望有足夠的美國國債來支持其發行貨幣。

但是，信用貨幣發行是需要成本的。法定貨幣是一個國家的民眾為解決交易流動性而確立的公共契約。為了履行契約，維持貨幣穩定，法定貨幣必須有可靠的抵押資產。抵押資產就是貨幣的成本。美元的抵押資產主要是國債，國債利息就是美國人為美元支付的成本。

他國央行及全球市場大規模使用美元，這意味著美國人需要為此支付大規模的國債利息。但是，美國政府只想為自己的國民使用美元支付成本，不想為他國央行及民眾使用美元支付成本。最終，美國政府與聯準會在博弈中聯合，透過稀釋美元向全球收取鑄幣稅來分攤美元使用費用。

所以，這個問題的本質是，誰為美元支付使用費用。根本

上來說，當今世界的核心問題是經濟全球化與財政主權化、貨幣國家化之間的矛盾。

最後，筆者整理一下世界經濟問題之「根本邏輯」：

經濟全球化與財政主權化、貨幣國家化之矛盾——美元使用費用之矛盾——美元與國債悖論——國庫通銀庫——貨幣政策與財政政策擴張——資本市場通膨——貧富差距擴大——有效需求不足——消費市場通縮——經濟衰退、蕭條……形成了「低通膨、低成長、低利率、高泡沫、高債務」之經濟格局。

「末日博士」魯比尼（Nouriel Roubini）提出，當今世介面臨著15個難題（以D開頭），其中9個難題都在這一邏輯之內，它們分別是：

Deficit（赤字）、Debt（債務）、Default（違約）、Deflation（通縮）、Devaluation（貨幣貶值）、Deglobalization（去全球化）、Democracy Dilemma（民主化悖論）、Sino-Decoupling（中美脫鉤）、Diplomatic Dispute（外交爭端）。

參考文獻

理查・坎蒂隆。商業性質概論 [M]。余永定，譯。北京：商務印書館，1997。

全球經濟正加速日本化

2016 年，美國《華盛頓郵報》專欄作家馬特‧歐布萊恩 (Matt O'Brien) 發表了題為〈世界經濟正在日本化〉(The world economy is turning Japanese) 的文章。歐布萊恩發現：「不管是在美國還是在其他國家，世界經濟正轉向日本模式。」

所謂「日本化」，可以概括為「三低三高」並存的經濟常態：低利率、低通膨、低成長，高福利、高貨幣、高債務。

此後，全球經濟「日本化」現象日漸明顯。

2019 年 9 月，美國前財長勞倫斯‧薩默斯 (Lawrence H. Summers) 指出：「現在對歐洲和日本可靠的市場預期使它們陷入貨幣經濟學的『黑洞』，即利率困在零的水準動彈不得。收益率保持為零或負值可能將持續一代人的時間，美國距離加入它們只有一次衰退之遙。」

僅僅三個月後，2020 年 COVID-19 疫情重創全球經濟，歐美政府「保底式」救災救市，聯準會將聯邦資金利率下調至零，直接採購債券 ETF[04]。

很多人說，平成時代的三十年是日本「失去的三十年」。當前，全球經濟正加速「日本化」，這是否意味著將來如橋水

---

[04] ETF 一般指指數股票型基金 (Exchange Traded Fund，ETF)，是一種在證券交易所交易，提供投資人參與指數表現的指數基金。債券 ETF 是指以債券指數為追蹤標的的 ETF。

（Bridgewater）分析師所言可能「失去十年」[05]，抑或更久？

本節以「日本化」為切入點，加入社會福利政策（公共財），探索全球經濟的問題、成因及方向。

01 全球經濟日本化

過去三十年，日本經濟走向了「低利率、低通膨、低成長，高福利、高貨幣、高債務」之困境。

這成為當今總體經濟學的一大謎題。

我們先從 1990 年說起。1990 年是日本經濟的轉捩點，當時有兩大趨勢：一是日本泡沫經濟崩潰；二是日本勞動人口成長開始停滯。

人們普遍認為，泡沫經濟崩潰是日本「消失三十年」的直接原因；日本生育率低迷、高齡化加劇則是深層原因。

經濟泡沫崩潰後，房價、股價暴跌，日本經濟陷入持續通縮。

1997 年亞洲金融危機再次重創日本經濟，日本政府歷經多年徘徊猶豫後主動改革求變，央行將銀行間無擔保隔夜拆借利率下調到零，日本率先進入零利率時代。

---

[05] 據彭博社 2020 年 6 月 19 日消息，全球最大避險基金橋水創始人達利歐（Raymond Thomas Dalio）警告稱，美國企業利潤率多年強勁成長勢頭的逆轉可能導致股票投資者遭遇「失去的十年」。

2001 年網路泡沫破裂，日本央行開啟量化寬鬆（QE），進而又探索了雙寬鬆（QEE），甚至實施負利率（NIRP），率先進入了負利率時代。

日本央行的極端寬鬆政策，主要是為了給日本政府財政提供融資。央行直接購買日本政府債券，成為日本財政的最大債權人。

2008 年金融危機爆發，日本央行大幅度增加了政府債券的採購。截至 2020 年，日本央行持有的日本債務規模已經超過了日本 GDP。

2019 年日本國家債務總額達 1,103.35 兆日圓，政府債務占 GDP 比率達 238%，為全球最高。

這就形成了低利率、高貨幣、高債務的局面。但是，為什麼貨幣寬鬆沒有引發通貨膨脹，也沒能刺激經濟成長？

日本央行直接採購政府債券、商業銀行股票及股票 ETF（2010 年開始），改變了貨幣流通方向，製造了「坎蒂隆效應」。

大量貨幣進入了金融市場，而沒有進入生產及商品市場，產生金融市場通膨和實體經濟通縮相背離的現象。隨著日本央行持續購買商業銀行股票和股票 ETF，日經指數從 2012 年底的 9,000 點左右持續上漲到 2020 年的 22,000 多點。

大量資金在銀行系統長期空轉，很多企業及居民即使獲得貸款也不投資不消費，而是存入商業銀行，推高了存款規模。

最近十多年，日本居民存款不降反升。2010年日本居民持有存款占其金融資產的比例達到53%，顯著高於同期美國的15%。

這就造成了實體經濟的通縮，消費者物價指數（CPI）持續低迷。2018年日本核心CPI同比上升約0.9%，與2%的通膨目標相去甚遠。

日本央行為什麼要購買商業銀行股票和股票ETF？

日本商業銀行持有大量的股票資產，日本央行購買股票其實是為了拯救商業銀行。

1995年至2000年，日本國內銀行投資股票資產規模在40兆日圓以上，占總資產的比例達到6%。2004年底，商業銀行的股票資產規模縮水至22.9兆日圓，占總資產的比例下降至3%。同時，商業銀行壞帳大幅增加，資本適足率從2000年底的11.1%下降到2002年底的9.6%。

日本央行從「最後貸款人」淪為了「最後的買家」。2018年3月，日本央行成為日本政府最大的債權人，以及約40%的日本上市公司前十大股東之一。

然而，寬貨幣沒能推動經濟復甦，實體經濟通縮導致日本經濟長期低迷。在過去的三十多年中，大多數的年GDP成長率都低於2%，甚至經常出現負成長。

其背後深層的原因是什麼？

2016年瑞銀報告認為，日本經濟成長陷入停滯、通貨膨脹

率持續走低,這背後主要的原因是日本勞動年齡人口占比的下滑。

1990 年前後,日本勞動年齡人口占比進入拐點,勞動人口不足被認為是日本經濟低迷的深層原因。

日本是一個超高齡化的國家,老年扶養比達到 45.2%。日本從 1960 年代末開始進入高齡化,到 2016 年 60 歲及以上的人口占比達到 33.7%,65 歲及以上的人口占比達到 27.3%。日本的總和生育率從 1947 年的大於 4,持續下降到 2005 年的低點 1.26。未滿 15 歲青少年的占比從 1947 年的 35%,下降到 2015 年的 12% 左右。

低生育率拉低了日本的經濟成長率,高齡化加重了財政負擔。

日本的社會福利保障體系非常完善。隨著高齡化加劇,領取養老金的人越來越多,日本社會保險及財政也壓力重重。

日本人均社會保險支出在過去 15 年內增加了 50%,其中高齡化相關支出占比從 1975 年的 33% 提升到 2015 年的 68%。國民負擔率(稅收和社會保險占國民收入的比重)由 1970 年代的 24% 提升到 2018 年的 43%。日本政府財政中醫療保險、養老保險等社會保險支出逐年增加,2020 年已占到國家財政支出預算的 33.7%。受泡沫經濟的衝擊及低生育率、超高齡化的影響,日本在貨幣及財政極端擴張中,形成了「低利率、低通膨、低成長,高福利、高貨幣、高債務」的經濟局面。

債務時代

令人感到擔憂的是,最近十多年,世界經濟正在日本化。2008 年金融危機後,全球開啟量化寬鬆,聯準會直接採購國債為政府融資,歐洲債券收益率降為負數。

2016 年,10 年期日本債券的收益率為 -0.27%,10 年期德國債券的收益率為 -0.19%,10 年期瑞士債券的收益率為 -0.61%。

2019 年,負利率大肆蔓延。德國和荷蘭政府債券市場的收益率為負,愛爾蘭、葡萄牙和西班牙大部分債券市場收益率也為負。當然,日本依然是全球負收益率債券的最大貢獻國,占了世界總量的近一半。

2020 年受 COVID-19 疫情衝擊,聯準會將聯邦資金利率降到零,直接採購債券 ETF 和企業債,向日本化邁出了實質性的一步。美國、英國、加拿大及歐洲的央行資產負債表大幅度擴張,政府債務也大規模上升。

從 2020 年 3 月到 5 月,聯準會資產負債表擴大了 3 兆美元,其規模升至 7.03 兆美元。其中,國債資產大幅增加。

從更深層來看,2008 年後,全球各主要國家緊隨日本之後逐漸進入高齡化、超高齡化社會,勞動年齡人口占比陸續迎來轉捩點,經濟成長率逐步下跌。

中國 GDP 增加速度從 2010 年開始面臨下行壓力,勞動年齡人口數量則在 2015 年顯著下降。2019 年,中國 GDP 成長率為 6.1%,相較 2010 年下降了 4.5 個百分點。

日本以 1990 年泡沫危機為轉捩點，全球經濟則是以 2008 年金融危機為轉捩點，日本也許是世界走向「三低三高」的困境的前車之鑑。

這其中的根本邏輯是：低生育、高齡化 ── 高福利及成長乏力 ── 貨幣刺激成長 ── 金融危機 ── 貨幣及財政擴張，央行購買政府債券 ── 高福利、高貨幣、高債務、低利率 ── 金融資產通膨，實體經濟通縮 ── 低通膨、低成長。

02 日本人口高齡化

在分析全球經濟日本化之前，我們需要消除幾個錯誤認知：

第一，GDP 能否用以評估一國經濟水準？

GDP 為國內生產毛額，GNP 為國民生產毛額，二者最大的問題在於只能反映總量水準，不能反映效率水準。一個國家勞動力越多，經濟產值越大；人口大國，如中國，經濟總量如今已超過日本。但經濟總量並不能說明經濟效率及品質。

人均產值，尤其是勞動人口（15 歲至 64 歲）的人均產值，才能更全面地體現一國經濟的效率和品質。

我們以勞動人口人均產值為指標看看日本過去幾十年的經濟水準：

1990 年日本的 GDP 為 3.13 兆美元，勞動人口為 8,605 萬，單位勞動人口的經濟產值為 3.64 萬美元；2010 年日本的 GDP

為 5.7 兆美元，勞動人口下降至 8,215 萬，單位勞動人口的經濟產值為 6.93 萬美元。

從這個角度可以看出，從 1990 年到 2010 年，日本的勞動生產率幾乎翻了一倍，經濟效率在提升而非下降。不過，2012 年後經濟效率存在較大幅度下滑（後面分析原因）。

所以，生育率下降、高齡化可能會導致經濟規模下降，但不一定會降低經濟效率及技術水準。

第二，通膨率能否反映經濟景氣狀況？

目前，總體經濟學家認為，經濟成長必然伴隨著通膨。他們畏懼通縮，將通膨率低於 2% 視為低通膨或通縮。

世界主要國家的央行將 2% 作為通膨率目標。經濟學家根據模型推測，2% 的溫和通膨有利於經濟持續穩定成長。這就是所謂的「潤滑油政策」。

這種觀點主要來自溫和通膨理論，但其實是一種長期的激進政策，也是存有爭議的理論。

因為經濟是可以實現零通膨成長的，例如技術創新、產品更新。以智慧型手機為例，新品價格如果高於舊品，舊品一般會降價銷售，從而拉平物價指數。

還有一種觀點是，隨著經濟成長，薪資收入增加，人力成本上漲，產品價格上漲，通膨率上升。但是，這種觀點忽略了一點，經濟要素是動態博弈的。當人力成本增加時，企業主會

透過技術及管理創新，減少勞動僱傭，提高機械化批量生產，從而降低產品價格。在歐美國家，理髮、餐飲等服務價格上漲（人力成本高），但汽車等工業品價格持續下降。

所以，通膨率不能作為經濟景氣指標，通膨率在零左右徘徊，並不能說明經濟低迷。

第三，就業率能否反映經濟景氣狀況？

過去三十多年，日本經濟一直保持著低失業率，這讓經濟學家極為困惑。總體經濟學家認為，低成長、低通膨意味著高失業，低失業應該是經濟強勁的表現。

日本勞動力市場一直保持著強勁，2019 年日本失業率降到 2.3%，勞動參與率在 2012 年後逐漸上漲至 62.5%。

再看全球，2016 年日本及歐洲主要國家在接近充分就業時實施負利率。當時，日本失業率只有 3.2%，德國只有 4.2%，瑞士只有 3.3%。

為什麼高就業率沒能帶動經濟成長？

其實，與通膨率類似，就業率作為經濟景氣指標可能已逐漸失靈。最近幾十年，日本及歐美國家勞動人口數量逐漸下降，大量的人口從勞動力市場中退出。即使經濟衰退，只要退出的勞動力足夠多，就業率依然可以維持較高的水準。

所以，聯準會及各國政府將就業率、通膨率視為政策的目標，容易被誤導。

債務時代

　　消除以上三個錯誤認知後，我們再看日本乃至全球經濟到底出了什麼問題。還以勞動人口人均產值為指標，2018 年，日本單位勞動人口產值只有 6.57 萬美元，比 2010 年下降了 3,600 美元。

　　最近十多年為什麼日本的經濟效率在下降？

　　至少有三大因素導致市場失靈、經濟效率低下：

　　一是非市場化的嬰兒潮對市場的衝擊。

　　生育率下降和高齡化是經濟成長的結果，而不是經濟低迷的原因。為什麼？

　　因為隨著避孕措施的普及進步，人的生育行為轉化為市場行為。隨著經濟成長，生育率下降，社會逐步進入高齡化，家庭會主動選擇減少生育的數量，從而提高養育品質。優生帶來人力資本的提升，彌補人口減少帶來的經濟產值損失。如此，經濟規模短期可能會下降（也可能會增加），但經濟效率、技術水準依然在提升。

　　但是，受戰爭、生育政策等人為因素的衝擊，個人的生育行為未必是主動選擇的市場行為。換言之，人口生育率的非平滑可能對經濟成長形成衝擊。

　　比如，受「二戰」這一歷史事件的衝擊，日本人口出現結構性問題。

　　「二戰」前，日本政府為經濟成長及戰爭做準備，積極鼓勵

生育，催生了一波嬰兒潮。這波嬰兒潮使日本在 1980、1990 年代快速高齡化。

日本 65 歲及以上人口占比從 7% 上升到 14% 只經歷了 24 年（1970～1994 年），德國用了 40 年，英國 46 年，美國 72 年，瑞典 85 年，法國 115 年。「二戰」後的和平時代，日本又迎來了一波嬰兒潮，1947 年到 1949 年的三年間，日本出生人口總共 806 萬人，占總人口數量的十分之一以上。

這波嬰兒潮帶來了日本 1970、1980 年代的人口紅利，也是經濟起飛的主要因素。但是，他們在 2010 年後，幾乎同時退出勞動力市場，對日本社會保障、勞動力市場及經濟成長造成明顯衝擊。

日本 60 歲及以上人口占比迅速增加，從 10% 提升到 20% 用了 28 年，而從 20% 提升到 30% 只用了 14 年。到 2016 年，日本 60 歲、65 歲及以上人口占比分別為 33.7%、27.3%，遠遠超過國際慣例的 10% 和 7%[06]。

可見，日本在 1990 年代快速高齡化，在最近十多年跑步進入超高齡化社會。

在勞動力市場上，2018 年日本勞動人口快速下降至 7,557 萬，比 2010 年減少了 658 萬，單位勞動人口的經濟產值只有

---

[06] 國際上通常看法是，當一個國家或地區 60 歲及以上老年人口占人口總數的 10%，或 65 歲及以上老年人口占人口總數的 7%，即意味著這個國家或地區處於高齡化社會。

6.57萬美元，比2010年下降了0.36萬美元，經濟效率不升反降。

這說明勞動人口數量與品質之間無法緩衝過渡，人力資本的提升難以彌補勞動人口大規模退出帶來的產值萎縮。這是日本最近十年經濟效率下降的主因。

二是社會保障政策對市場的衝擊。

按照傅利曼的永久性收入假說，個人的消費、投資、養老等行為是基於長期預期，而非短期。按照戴蒙德（Peter Diamond）的世代交疊模型，個人的市場行為超出生命長度的預期。比如，對下一代投資、為下一代儲蓄、「養兒防老」就是基於世代交疊的市場行為。在沒有完善的社會保障政策的時代，「養兒防老」一直是最主要的養老方式。但是，社會保障政策對個人養老的市場行為構成干擾，不合理的社會保障政策容易扭曲這一市場，導致社會保險虧空、財政負擔加重。

社會保障是一種強制儲蓄政策，一般是個人儲蓄加上政府財政補貼。社會福利津貼額越高，高齡化越嚴重，政府財政壓力越大。

在日本，社會保障完善，包括國民年金、厚生年金[07]和介護保險[08]，福利水準高。以2017年計算，一對繳費40年的夫

---

[07] 國民年金與厚生年金均屬於日本的養老保險金。國民年金的參保對象是所有居住在日本的20～60歲族群，最初領取年齡為65歲；厚生年金參保對象為日本公司職員，領取年齡為60歲。

[08] 介護保險：日本「介護保險」的目標是透過相應的生活服務保障老年人的生活品

妻，退休後每月可領取國民年金和厚生年金，一共超過 22 萬日圓，約 1.36 萬元人民幣。退休年齡是一個關鍵影響因素。

戰後日本人均壽命迅速上升。1947 年，日本男性平均壽命只有 50 歲，女性只有 55 歲；2018 年日本男女平均壽命分別達 81.25 歲、87.32 歲，成為世界上人口最長壽的國家。

長壽是日本經濟成長、社會進步的結果，但過早退休造成了勞動力的浪費和社會保險壓力。日本男性領取社會保險的平均時間為 21 年，女性為 27 年。

2001 年，日本政府宣布延遲退休，男性從原來的 60 歲逐步推遲到 2013 年的 65 歲，女性從原來的 60 歲逐步推遲到 2018 年的 65 歲[09]。延遲退休後，日本老年人就業率持續上升，60～64 歲的老人在 2009 年之後的就業率甚至超過了 15 歲以上全體居民的就業率。

2016 年，日本 60～64 歲、65～69 歲老人的就業率分別達到 66.2％、44.3％。隨著獨居老人、失去自理能力老人的增加，日本政府從 2000 年開始引入商業性質的介護保險制度，以減輕財政壓力。

而在歐美國家，福利民粹主義氾濫，社會福利費用持續增

質。介護是指身體清潔、協助飲食起居以及家務服務等。介護保險籌資一部分由國家支出，另一部分由個人支付。

[09] 日本先前的養老金給付的初始年齡是 60 歲，後來逐步把領取養老金的年齡提升到 65 歲，男女分別從 2013 年和 2018 年開始實行，並將於 2025 年和 2030 年過渡完畢。具體實施上，男性從 2013 年起，每 3 年增加 1 歲，從 60 歲推遲到 65 歲，女性晚 5 年實行。

加，政府債務高企。

三是不當的財政及貨幣政策對市場的衝擊。

2008年金融危機後，世界主要國家財政紀律被破壞，央行獨立性喪失：為政府提供大規模融資，以增加社會福利，購買政治選票，安撫民粹情緒。

日本率先探索了一條「量化寬鬆＋負利率」的危機管理模式，形成一種保底式慣性思維：有困難找政府。全球主要國家都在效仿日本，當經濟衰退時，政府加槓桿，以維持高福利。

以COVID-19疫情為例，2020年3月，美國政府和聯準會聯合保底，在2兆美元的財政刺激計畫中，5,600億美元是直接補貼給家庭與個人的現金，占美國GDP的2.9%。

加拿大的居民現金補貼達475億加元，占GDP的2.3%。澳洲的居民補貼為249億澳元，占GDP的1.3%。新加坡的居民補貼為59億新元，占GDP的1.3%。印度的居民補貼為1.7兆盧比，占GDP的1.2%。德國拿出500億歐元，占GDP的1.5%，補貼給中小企業及個體戶。

其實，將COVID-19疫情視為「大雪崩」，如此保底式救災無可厚非，問題在於將兜底式政策理論化、常態化。

現代貨幣理論推崇日本模式，認為只要匯率、通膨率平穩，央行可以為政府提供融資（債券等同於貨幣），以應對衰退與危機。

最近十多年，日本繼續走向全球化，但經濟卻停滯不前。全球經濟效仿日本，亦日益陷入惡性循環。

03 貨幣公共資源困境

日本化是一條「坐吃山空」的不歸之路。

2009 年 2 月，日本宣布重啟股票購買計畫，從商業銀行手中購買 1 兆日圓股票，並預計在 2012 年到 2017 年出售。但是，受金融市場的衝擊，日本央行將完成股票出售的最終時間點從 2021 年推遲到 2026 年。

總體經濟學家理所當然地認為，央行可自行調節貨幣供給，收放自如。然而，過去 40 多年的歷史告訴我們，央行逆景氣循環調節的歷史是一段「覆水難收」的災難史。

過去 40 多年，聯準會在一直採取非對稱政策，每一次利率下調的幅度都大於上調的幅度，導致利率持續下行，最終走向今天的零利率。歐洲央行、日本央行也是如此。

為什麼？

因為經濟成長受投資邊際收益率遞減規律的支配：

貨幣氾濫 —— 投資邊際收益率下跌 —— 經濟成長乏力 —— 誘發貨幣寬鬆，貨幣更加氾濫 —— 投資邊際收益率進一步下跌 —— 經濟成長低迷……如此反覆循環，經濟在負利率、負成長的泥淖中掙扎。

傅利曼認為，財政擴張、過度投資，導致經濟停滯性通膨。如今，央行直接採購債券，改變了貨幣流向，導致金融通膨，實體通縮，經濟停滯。

在這個惡性循環中，窮人通縮，富人通膨，中產塌陷，貧富不均加劇，全球進入「冪律型」社會（如大前研一描述的日本「M型」社會[10]）。

真正可怕的還不是日本化，而是拉美化。

與他國相比，日本反而是世界上貧富差距最小的先進國家之一。日本藏富於民，居民和企業負債率低，政府負債率高，政府債務以國內債務為主。同時，日本實施了卓有成效的改革，企業累積了大量前沿的基礎性技術。

美國憑藉其美元「世界貨幣」的特殊優勢，暫時還不會「坐吃山空」。即便經濟低迷，美國強大的政治、文化及軍事統治力，依然可支撐美元。

最糟糕的或許是阿根廷、巴西、印尼、印度、土耳其、南非等新興市場國家。這些國家並不具備日本化的條件，央行採購大規模的國內債券、股票，可能導致貨幣大幅貶值，引發貨幣危機。若新興市場國家大舉外債擴張財政，可能引發債務危機。

另外，新興市場國家普遍貧富差距巨大，房地產泡沫居高

---

[10] 在經濟、社會環境的變動下，隨著資源的重新分配，收入階層的分布往底層階層和高層階層上下兩極移動，高等階層和中低階層貧富差距增加，形成了左右兩端高峰、中間谷底的「M型」社會。

不下,消費被透支,未富先老,危機重重,日本化極易引發泡沫危機。

事實上,COVID-19疫情暴發以來,不少新興市場國家的貨幣已較大幅度貶值。

未來,歐美世界日益日本化,而新興市場國家則在日本化之路上可能逐漸走向拉美化。

全球經濟日本化的問題在於,公共財(貨幣、財政及社會福利)淪為公地悲劇[11]。法定貨幣及政府財政皆為公共財。央行喪失獨立性,政府財政紀律被破壞,引發集體(全國乃至全球性)「搭便車」,兩大公共財淪為公地悲劇。當寬貨幣被富人「搭便車」後,占大多數的中低收入者則以政治選票,從社會福利入手,支持財政赤字貨幣化,同時搭財政、貨幣之雙便車。

筆者在本書中也梳理了一條世界經濟問題之「根本邏輯」,這裡,筆者將公共財的問題加入其中:

經濟全球化與財政主權化、貨幣國家化之矛盾(全球化秩序)—— 美元淪為公地悲劇 —— 資本市場通膨 —— 貧富差距擴大 —— 民粹主義崛起 —— 財政赤字貨幣化 —— 貨幣與財政同時擴張 —— 社會福利支出增加 —— 資本邊際收益率下滑 —— 經濟通縮、衰退、蕭條……形成了「低利率、低通膨、低成長,高福利、高貨幣、高債務」之經濟格局。

---

[11] 公共財因產權難以界定(界定產權的交易成本太高)而被競爭性地過度使用或侵占,從而造成資源枯竭的悲劇。

如何破局？

自皮古開創福利經濟學（welfare economics）以來，這一理論始終未能找到政府實施福利政策的科學依據及規律。新制度經濟學誕生後，降低交易費用成為政府提供公共財及社會福利的主要依據。

但是，交易費用的解釋依然是模糊的。「諾斯第二悖論」認為，長期的交易費用是不斷上升的，經濟因此會陷入停滯。正如當前社會福利費用日益增加，政府負債累累，經濟成長乏力。

為什麼交易費用持續上升？

長期以來，各國社會福利等公共財建設的方向並不是降低交易費用，而是維護社會公平，抑或是購買選票與人心。

在此，我們必須在交易費用的基礎上更進一步：公共財（社會福利）的目的應該是效率，而不是公平。

「效率，還是公平」，被認為是政府施政的平衡術。但其實，所謂公平的政策（機會均等）只能是手段，目的還是提升效率。

哲學家諾貝托・波比歐（Norberto Bobbio）認為，唯一準確的左右派差異是有關人們對平等理念的態度。左派追求結果平等，但結果平等是違背規律與人性的，只會引發集體「搭便車」，使公共財淪為公地悲劇。

過高的福利或機會不均等的福利，都會造成經濟效率損失。右派主張機會均等，而不是結果平等，將機會均等視為追求自

由和效率之目的的手段。

傅利曼有一句經典名言把這個問題說清楚了:「一個社會如果把平等置於自由之上,就既不會有自由也不會有平等;如果把自由置於平等之上,就能同時得到更高程度的自由和平等。」

但是,每當經濟危機爆發,民粹主義崛起,左派意識形態占據主流,社會福利政策的目的就會被扭曲,進而扭曲自由市場,使世界經濟走向日本化。

未來的世界,需要制度來抑制意識形態。正如諾斯所說的,制度的作用是使人們在面對危機失去理性時可以約束自己。

從全球來看,化解經濟全球化與財政主權化、貨幣國家化之矛盾,需要新的全球化秩序及規則。

從國家來看,需要將貨幣、財政及公共財之效率目的納入制度。

比如,貨幣的本質是公共契約,其唯一的職責是維持價格穩定。貨幣價格穩定,經濟執行效率就高。如果引發通貨膨脹甚至資產泡沫,那麼說明央行違約──貨幣價格不穩定。如果央行為政府融資,則背離了貨幣的本質及職責。

美國《憲法》第1條第8款明確規定:「鑄造貨幣,調節其價值,並釐定外幣價值。」傅利曼認為,政府並未成功地履行被憲法賦予的責任。或許,美國還需要一個關於央行及貨幣的憲法修正案。

> 債務時代

　　全球經濟正在加速日本化，本質上是經濟貨幣化、貨幣公共資源困境。

　　2022 年開始，全球大規模的貨幣超發引發了大通膨，日本化從「三低三高」向通膨危機、債務危機和貨幣危機演變。

> 參考文獻

(1) 潘捷、陳斐韻、黃海瀾。如何讀懂日本央行資產負債表？[EB/OL]。東方證券，2020-03-15。

(2) 倪華。日本人口高齡化及相關企業研究 [EB/OL]。方正證券，2018-12-11。

日本經濟之路：從泡沫危機到債務風險

　　2021 年 4 月 13 日，日本政府正式決定兩年後將福島第一核電站的核廢水排放入大海。消息一出，輿論譁然，反對者眾。

　　該放射性核廢水來源主要是福島核電站反應堆中的冷卻水、事故洩漏處理中產生的冷卻水以及大量滲入反應堆的地下水和雨水。

　　過去十年，核廢水持續增加，東京電力準備的一千個儲存罐現已裝滿九成，預計到 2022 年秋季達到極限。日本認為儲存

核廢水存在巨大安全隱患，處理核廢水已是「不能推遲」的課題。但若按計劃向海洋排放，核廢水排放規模將達到 137 萬噸。

儘管日本政府承諾將核廢水經過濾並稀釋後排入大海。但是，很多人還是擔心核廢水對海洋造成核汙染，並認為日本還有更多的辦法解決此事，但日本政府採用了最節省成本的方式——一倒了之。

有人嘲諷：傳說日本人不扔一張廢紙，如今卻直接倒核廢水。日本是一個令人迷惑的矛盾體：日本的核技術頗為頂尖，但核廢水只能靠海洋吸收來解決。日本是一個實力強勁的經濟體，但政府無力承擔核廢水處理的成本。日本是世界上人口最長壽、貧富差距最小的國家之一，但也是超高齡化、少子化的國家。

美國文化人類學家露絲・班乃迪克（Ruth Benedict）的《菊與刀》（*The Chrysanthemun and The Sword*）解剖了日本矛盾的國民性。《國家轉型》一書中也提到，日本在泡沫危機後逐漸在上游累積了大量的前沿基礎技術；同時，日本正靠舉債度日，成為全球負債率最高的先進國家。

本節從資產定價的角度分析「日本現象」。

01 泡沫危機

1990 年泡沫危機後，日本經歷了長達三十年的經濟停滯。這是令人費解的「日本現象」。1995 年，日本 GDP 為 5.45 兆美

元，人均 GDP 為 4.34 萬美元；2019 年 GDP 只有 5.08 兆美元，人均 GDP 只有 4.02 萬美元。從這兩項資料來看，日本經濟可謂「失去了三十年」。

很多人對日本經濟的印象還停留在 1990 年泡沫破滅及「消失的三十年」上，但其實，日本今天的經濟品質、基礎科技以及全球化程度遠在三十年前之上。

怎麼理解這種變化？

1990 年經濟泡沫危機給日本整個社會帶來了一場暴風驟雨般的去槓桿。日本所有的資產，包括日圓、房地產、土地、股票、債券、勞動力，均遭遇信用暴擊，需重新在國際市場上尋求定價。

這給新興市場國家以足夠的警醒：當金融市場未實現完全自由化時，國內資產沒有經過國際市場定價，一切財富都可能是貨幣幻覺。

「二戰」後日本經濟快速復甦，並延續了二十多年的高成長，1955 年已恢復到戰前水準，1960 年出口額達 40 多億美元。一直到 1970 年，日本都採取固定匯率，1 美元兌換 360 日圓。隨著日本經濟實力的增強，日圓以及以日圓計價的國內資產被嚴重低估，這刺激了日本出口擴張。

到 1970 年代，日圓升值壓力增加，日本打破固定匯率，轉而實行資本管制的浮動匯率。日圓開始升值，1972 年 1 美元兌

換 303 日圓。為了減小升值壓力，日本的資本管制政策是：限制資本流入，鼓勵資本流出。對貿易預付款的免稅上限額度從 1972 年的 10,000 美元下降到當年 6 月的 5,000 美元。非日本居民購買的股票和債券額度不能超過之前賣出的額度。日本允許居民持有外匯，鼓勵資本進入國際市場投資。

1973 年世界石油危機爆發，嚴重依賴國際原油進口的日本遭遇重創，日圓貶值壓力上升。1973 年 1 美元兌換 271 日圓，第二年上升到 1 美元兌換 292 日圓。為了降低日圓貶值壓力，日本資本管制政策掉頭轉向：鼓勵資本流入，限制資本流出。貿易預付款的免稅上限額度又恢復到 10,000 美元，隨後上調到 100,000 美元。自由日圓帳戶的準備金要求從 100%下降到 0%。

從固定匯率到浮動匯率，是日本資產的真實價格發現的過程。

但是，資本專案的管制以及前後相反的操作干擾了這一過程，日本經濟的真正實力沒有經過國際市場的充分檢驗。

從 1970 年代末開始，日本經濟穩定成長。其時，聯準會主席沃克大幅度提高美元利率，美元快速升值。1978 年 1 美元兌換 210 日圓，到 1982 年上升到 1 美元兌換 249 日圓。日圓貶值刺激了日本對美出口。從 1980 年到 1984 年日本對美國貿易順差激增，美國成為世界最大的債務國，日本成為世界最大的債權國。

1980～1985 年，日本的經濟成長率為4.8%，美國約為1.5%；勞動生產率方面，日本約為3%，而美國僅為0.4%。這是不是日本經濟的真實力量？

債務時代

　　這時，日本的資本管制又轉向了：限制資本流入，鼓勵資本流出。1980年12月，日本實施新外匯法（《外匯與對外貿易管理法》），推動外匯自由化。1982年，日本首相中曾根康弘提出國際化策略，試圖讓日圓升值，幫助日本企業在海外市場進行大規模收購和擴張，促進日本產業結構調整，形成全球化經濟格局。1985年，日本政府釋出《關於金融自由化、日圓國際化的現狀與展望》，宣告日本進入經濟、金融全面自由化、國際化階段。

　　1980年代開始，美元升值太快，聯準會希望壓低美元匯率，而日本正好渴望日圓升值與金融國際化，於是就有了1985年9月的五國《廣場協議》（*Plaza Accord*）。根據該協議，日德英法的貨幣對美元升值。

　　1986年美元兌日圓匯率從前一年的1:238迅速上升到1:168。

　　《廣場協議》並不是什麼美國對日本的陰謀，相反，日本是推動這一協議最積極的國家。根據1995年經濟刊物《經濟學人》上發表的一篇文章，日本財長竹下登承認，是他主動提議召開這次廣場會議的，而非美國財長貝克（James Baker）。這與當時的國際匯率波動有關，也與日本的國際化策略有關。

　　很多人不知道的是，《廣場協議》簽訂後，四國貨幣升值太快，外匯波動劇烈，美日德等七國又在1987年簽署了一份《羅浮宮協議》（*Louvre Accord*），目的是維持兌美元匯率的穩定。從1987年到1992年美元兌日圓的匯率都比較穩定，維持在126～144。

但是，日圓較之前已大幅度升值，好處是刺激日本資本對外投資，壞處是打擊了國內製造業。這就是內外市場的衝突。怎麼辦？

日本央行試圖找到一個兩全其美的辦法：一邊在1986到1987年連續5次降低利率，釋放大量貨幣支持製造業；另一邊維持日圓兌美元匯率，鼓勵日本企業拿廉價日圓兌換高價美元，在國際市場上開啟「買買買」模式。

不幸的是，大量的信貸貨幣流向了房地產和股票市場，快速形成巨大的泡沫。

日本央行快速緊縮貨幣，刺破了泡沫。泡沫危機爆發後，日本央行卻沒有再次擴張貨幣救市，而是眼看經濟崩盤。

1990年代，日本經濟頗為掙扎，先在1993年觸底，接著在1995到1996年反彈，但在1997到1998年又遭遇亞洲金融危機，這場危機徹底打擊了日本經濟復甦的希望。於是，日本下定決心實施金融改革，解除金融管制和保護，外匯市場徹底自由化，這被稱為「金融大爆炸」。從此，日本的資產在國際市場上開啟價格發現之路。

從1970年代開始，日本政府實施了資本管制的一系列操作，試圖利用政策提升國際競爭力。然而，這其實是取巧之策，本質上扭曲了匯率價格，導致日圓及日本所有資產處於價格失真的危險狀態。在80年代中後期，日本央行先吹大了資產泡沫，製造了「堰塞湖」，後又刺破泡沫，瘋狂洩洪。

不過，日本痛定思痛，沒有走回頭路。1997 年亞洲金融危機爆發，韓國（財閥及民族主義者）將危機歸咎於金融自由化，還有一些國家以此為由拒絕金融開放，但日本明白，真正的危機是拒絕國際市場定價，閉關製造貨幣幻覺，而實際上，越開放越安全。日本將「內陸河與太平洋打通」，抑制資產泡沫，穩定資產價格。

有人說，日本泡沫危機的代價是「失去的三十年」。過去三十年，從美元計價的國民生產毛額來看，日本經濟是停滯的。那麼，如何理解長期停滯？

02 技術更新

泡沫危機爆發，貨幣幻覺破滅，國家經濟實力與國民財富不斷地打折。消失三十年的真實內涵不是「停滯」，而是「回歸」——重新定價。換言之，三十年前日本經濟本來沒有這麼強，是虛胖，這三十年是在向真實價值回歸。什麼是真實價值？

不能按照勞動價值論的方法來判斷，真實價值就是市場定價，而且是國際市場重新定價。1998 年匯率完全自由化後，日圓、房產、股票、債券、勞動力以及日本的所有資產徹底由國際市場定價，走上價值回歸之路。回歸到什麼程度？

一方面取決於當年泡沫有多大，另一方面看這三十年日本科技創新有多強。

日本房地產和股票是去泡沫最嚴重的兩大資產。

日本房地產泡沫幾乎成為泡沫經濟的代名詞，當時的口號是「賣掉東京買下美國」。但是，日本房地產值不值這個價？泡沫危機後，房價崩盤，國際市場給出了答案。日本實際住宅物價指數以 2010 年為 100 核算，1991 年 3 月為巔峰的 189，2020 年 6 月也才恢復到 106。東京的房價跌得更厲害，2020 年只有最高位的三分之一多一些。

1989 年 12 月，日經指數觸頂接近 39,000 點，此後快速崩盤，到 1992 年 6 月下挫到 15,000 多點，2003 年 3 月和 2009 年 2 月更是觸及 7,000 多的低點，回到 1984 年之前的水準。

從 1990 年代，日本股市經歷了泡沫危機、1997 年亞洲金融危機、2001 年網路泡沫危機和 2008 年全球金融危機。如今，日本股票是什麼價位？最近十多年，全球大放水，美股迎來史詩級大牛市，日本股市乘勢反彈，2021 年 3 月，日經指數達到最高的 30,000 點，但依然不及泡沫經濟巔峰之時。

日本牛市主要還是靠央行注水。日本央行首開量化寬鬆之先河，直接大規模買進日本股票，尤其是銀行股，相當於直接印錢給股票市場。這是不是股票的真實價值？

美元及信用貨幣一部分是人為定價（供給），一部分是由國際市場定價。從絕對力量來看，美元與日圓過度發行，美股和日股價格膨脹都是貨幣現象。即便是國際市場定價，也不是完全真實的價格。但從相對力量來看，股票價格存在一定的真實

性。為什麼？作為一個開放經濟體，日本央行能夠給股市大規模注入資金，說明日圓以及日本股票在國際市場上具備一定的競爭力。

在封閉經濟國家，央行注入資金投入股票，股票價格上漲是純貨幣泡沫。但在開放經濟體中，貨幣過度發行，匯率會下跌。我們具體看日圓匯率：1998年日圓兌美元的匯價為130，匯率完全自由化後，匯價相對穩定，日圓對美元還有所升值。2009年到2011年聯準會超級寬鬆期間，日圓兌美元的匯價上升到79～93；2021年4月，匯價為109。

這說明什麼？

泡沫危機後，尤其是1998年匯率自由化後，日圓在國際市場上一直保持著穩定的競爭力：日圓在國際支付市場中長期處於第四位，占比在3.5%上下波動；在國際儲備貨幣市場中長期處於第三位，份額穩定在5.7%左右。

總結起來，過去三十年，日本房地產被打回原形，股票價格經歷了漫長的下跌後受惠於日圓超發而上漲，日圓相對穩定。日圓穩定代表什麼？

日圓價格廣義上代表日本的國家信用和經濟實力，具體支撐信用貨幣價格的是抵押資產，如外匯、國債和股票。日圓的穩定說明其背後的抵押資產信用高，獲得國際市場的充分定價與認可。如此，日圓才能大規模地擴張。

我們接著看日圓背後的抵押資產是什麼。

在 1980 年代，日本央行的主要資產是美元外匯。泡沫危機後，尤其是進入千禧年後，日本央行大幅度去美元化，推行量化寬鬆，大規模購買本國國債和股票。2001 年 3 月至 2006 年 3 月，國債規模占總資產的比重維持在 65%～70%。近些年，國債比重維持在 85% 左右。2010 年 12 月開始，日本央行開始採購日經股票指數 ETF，其市值占總資產的 5% 左右，占東京證交所股市總市值的比重也已達 5% 左右。日本央行向股票注水，股票價格持續上漲。

這說明什麼？

說明兩個問題：一是日本央行太沒底線了；二是日本經濟力量尤其是企業實力強大。在開放經濟體中，能夠用本國資產發行貨幣，說明本國資產的信用可靠。如果還能用本國的資產超發貨幣，說明本國資產在國際市場上認可度高。日圓背後的資產——股票和國債的信用，根本上由日本的科技力量支撐。

日本企業的科技力量來自哪裡？

泡沫危機對日本企業的打擊很大。1990 年代，它們經歷了徬徨，並在亞洲金融危機後果斷轉型。我們熟悉的日本家電、電子公司，如松下、索尼等，迅速敗退，但是它們並沒有消失。

《國家轉型》一書中指出，日本企業放棄終端，逐漸向上游及核心領域轉型更新。經過二十多年深耕，日本企業在大型核

電、新能源、氫燃料電池、電力電網、醫療技術、能源儲存技術、光學技術、半導體原料、生物科技、機器人研發及基礎科學領域大有斬獲。

基礎科學研究與全球化是日本企業技術創新進步的兩大路徑。如今，世界頂級的技術都是全球化分工與合作的結果。日本製造依然是全球頂級水準，日本企業往往抓住其中微小的一環做到極致，例如蒸鍍機。手機顯示器製造最重要的一道工序就是蒸鍍，而日本的蒸鍍機是世界最為頂級的。

如今，日本在工業前沿的十幾個領域穩居前三名，在科技界連續十八年每年都有諾貝爾獎得主。與1980年代相比，日本企業的營收規模或許沒有太大的變化，但基礎技術實力更強勁、底蘊更深厚。

所以，日本消失的三十年是資產重新定位的過程，房地產縮水，股市洗牌，日圓穩定，日本企業向核心技術領域轉型。正是日本企業的技術更新才確保日本在這三十年沒有倒退，而是停滯。反過來說，在大停滯時期，日本企業儲備了大量「武器」。

問題是：日圓過度發行，天量國債，日本企業承受得住嗎？不會爆發債務危機嗎？

03 債務風險

如今,日本的債務規模有多大?

2020 年末全球主要經濟體主權債務合計為 61 兆美元,其中美國 27.78 兆美元,日本 11.75 兆美元。日本政府的負債占 GDP 的 240%,遠超 60% 的國際警戒線,是世界上負債率最高的先進國家。日本的 GDP 總值比德國高 1 兆美元,但債務規模比德國多 9 兆美元。

日本政府為什麼要借這麼多錢?

從泡沫危機開始,日本接連遭遇亞洲金融危機、網路泡沫危機、全球金融危機以及 COVID-19 疫情。日本政府為了刺激經濟成長,率先在 2001 年,即網路泡沫危機期間,實施量化寬鬆,大舉購買國債,債務規模直線攀升。同時,日本央行將拆借利率下調至負數,是第一個進入負利率時代的國家。後果是,政府債務規模激增,日本央行成為日本政府最大的債權人。

也正是從泡沫危機開始,日本勞動年齡人口占比進入拐點,高齡化、少子化加劇。日本的總和生育率從 1947 年的大於 4,持續下降到 2005 年的低點 1.26。未滿 15 歲青少年的占比從 1947 年的 35%,下降到 2015 年的 12% 左右。2016 年日本 60 歲及以上的人口占比達到 33.7%,65 歲及以上的人口占比達到 27.3%。

如今,日本是一個典型的超高齡化國家。低生育和高齡化

債務時代

加重了日本的財政負擔,日本政府不得不大規模融資以應付持續擴大的養老開支。日本平均每人社會保險支出在過去 15 年增加了 50%,其中高齡化相關支出占比從 1975 年的 33% 提升到 2015 年的 68%。國民負擔率(稅收和社會保險占國民收入的比重)由 1970 年代的 24% 提升到 2018 年的 43%。日本政府財政中醫療保險、養老保險等社會保險支出逐年增加,2020 年已占到國家財政支出預算的 33.7%。

所以,「消失三十年」後的日本給世人兩種截然不同的感觀:

一面是全球頂尖的技術支撐,另一面是全球頂級的債務規模。這從「核廢水計畫性傾倒」事件中也能窺見一斑。

2011 年日本福島第一核電站洩漏後,東京電力持續向反應堆注水降溫,每天大概產生 180 噸高濃度放射性核汙水。2021 年 4 月,120 多萬噸核汙水被儲存在近千個巨型儲水罐中。日本政府決定兩年後將這些儲存的核汙水全部倒入大海。

日本政府承諾將核汙水稀釋後排放入海。所謂稀釋,即先用銫吸附裝置去除銫和鍶,再用多核素去除設備去掉 63 種放射性核素中的 62 種,但是剩下一種放射性核素去不了,那就是氚。怎麼辦?日本政府計劃將氚稀釋到遠低於日本有關標準的「每升 6 萬貝克勒爾」的標準後再排放入海。

日本在廢核處理方面的技術是全球領先的,但這不足以消除外界對其傾倒核廢水的質疑和批評。核廢水向海洋排放既沒有國際經驗、國際標準,也沒有第三方權威機構監督。如何

保證廢核水不汙染海洋？如何保證不對周邊的海域造成核放射威脅？

日本政府有沒有更好的處理辦法？

日本政府最初擬了多種處理方案，如對地層注入、排入海洋、蒸汽釋放、氫氣釋放和地下掩埋。經過持續時間、費用、規模、二次廢物、工作人員所受輻射照射等綜合評估，排入海洋和蒸汽釋放是兩種可行方案。而最終選擇排入海洋，主要考慮的是經濟性和便捷性。

從中可以看出，日本政府的財政壓力相當程度上左右了這次核廢水的處理方案。問題的本質很清晰了，日本財力不足的後果可能轉嫁給全球 —— 比美元放水更大的威脅。如果不能保證在絕對安全的情況之下向海洋排放核汙水，那麼這就是一種極為不負責任的行為，各國都應該站出來阻止。

所以，儘管日本企業累積了很多先進技術，但是高齡化和高負債為日本社會蒙上了一層陰影。大量貨幣刺激，實體經濟依然不振，資金長期在金融系統空轉，資產泡沫和政府負債不斷膨脹。這就是結構性通膨：實體通縮，效率愈低；資產通膨，風險愈大。

其實，這也是當今全球經濟的共同問題。正如本書中指出的，世界經濟正在呈現日本化，加速走向一種經濟常態：低利率、低通膨、低成長，高福利、高貨幣、高債務。

債務時代

這種經濟常態的根本邏輯是：全球低生育、高齡化加速→經濟成長乏力、養老金支出增加→貨幣擴張、財政擴張→金融危機→貨幣擴張、財政擴張→低利率、低通膨、低成長，高福利、高貨幣、高債務→資產通膨、實體通縮。

即便日本負債率全球第一，但是很多經濟學家認為，日本是高負債國家中最不壞的那一個。為什麼？

日圓擴張的信用資產主要是本國國債。換言之，日本政府發行的國債，95％由日本央行及本國企業、居民持有。債務內部化，不等於債務不用還，而是外債風險很低。而像阿根廷、土耳其等新興市場國家，政府負債率都比日本低，但是外債率高。一旦美元升值，外債負擔加重，就可能導致債務信用崩盤，債務危機爆發。

最重要的是國際市場的信用保障。我們回到前文所述的一條主線：資產在國際市場中充分定價。日本企業及居民願意持有日本國債，說明他們認可國債的信用。日本央行持有大量國債發行日圓，而日本企業、居民及國際機構願意持有日圓——日圓匯率穩定，也說明日圓在國際市場上有信用。日圓的國際信用反過來支持了日本政府的債務擴張。所以，關鍵看日圓是否貶值。

國債與日圓的信用保障根本上來自日本企業在國際市場上的信用。2000 年後，日本企業開啟第二次全球化大潮，大規模向海外擴張。2001 年，日本海外總資產達到 2.9 兆美元，相當

於國內經濟規模的 75%；海外淨資產 1.5 兆美元。2011 年，日本的海外資產相當於日本本土的 1.8 倍。另外，日本是世界第一大債權國，長期持有的美債高達 1.2 兆美元。

當然，這並不是說日本沒有債務風險，更不是說這種貨幣擴張的方式是對的，而是提出一個人人不得不面對的現實生存難題：如何在美元大潮中求生？如何在債務幽靈存在下求生？如何在高齡化社會背景下求生？

當美元掀起貨幣巨浪，一些國家大舉借外債擴張貨幣，拉美債務危機證明此舉是錯誤的；有些國家則緊閉金融市場，構築高牆，儲備外匯，製造資產「堰塞湖」，日本泡沫危機證明此舉不可靠。怎麼辦？讓國內資產由國際市場充分定價，充分參與國際競爭與合作，提升基礎技術。唯此，才可能掌握關鍵技術且抑制相互制約；唯此，才可能讓國民財富在全球貨幣浪潮中保持相對真實與安全。這就是全球化之下的生存策略。

參考文獻

(1) 都留重人。日本經濟奇蹟的終結 [M]。李雯雯，譯。成都：四川人民出版社，2020。

(2) 阿部武司。日本通商產業政策史 [M]。安釗，譯。北京：中信出版集團，2021。

債務時代

英國金融風險：減稅、赤字與英鎊

2022 年 9 月 23 日，英國政府宣布了一項「成長計畫」，預計實施近半個世紀以來規模最大的減稅措施，英國股債匯三大金融市場聞訊後紛紛大跌。其中，英鎊出現了「戲劇性」和「歷史性」的下跌，當天下跌 3.61％；9 月 26 日英鎊兌美元匯率最低觸及 1.03，創下近 50 年最低，無限接近英鎊與美元的平價位。同時，該計畫還引發了英國政府債券歷史上最大的單日拋售。

在位長達 70 年的英國女王伊麗莎白二世（Elizabeth II）剛剛駕崩，新首相特拉斯上任還不到一個月，投資者紛紛看空英國金融市場，股票和債券資產價值損失合計超過 5,000 億美元。經濟衰退威脅增加，大通膨蔓延，能源危機引發「生活成本危機」，經濟政策又誘發股債匯大跌，臨危受命的特拉斯能否成功效仿柴契爾夫人力挽狂瀾？

英格蘭銀行的貨幣緊縮政策和特拉斯政府的大規模減稅政策組合，到底是會惡化財政赤字與通貨膨脹，還是能夠成功抗擊通膨、挽救英鎊？

本節從經濟學的角度分析英國政府當下的總體經濟政策組合。

01 大規模減稅與歷史性暴跌

這次「歷史性暴跌」的直接原因是英國政府推出的「成長計畫」，金額高達 2,200 億英鎊。

其中，最主要的內容是計畫實施一項自 1972 年以來最大規模的減稅措施，規模達 450 億英鎊。具體包括：取消了將公司稅提高到 25％的計畫，將公司稅維持在 19％，這是二十大工業國（G20）中最低的稅率；提前一年降低個人所得稅稅率，從 20％降至 19％，對年收入超過 15 萬英鎊的納稅人徵收的最高稅率從 45％降至 40％等等。

身為一名保守黨的女性政治家，特拉斯以柴契爾主義（Thatcherism）繼承者自居，試圖效仿柴契爾夫人的減稅政策重振英國經濟。財政大臣夸西・夸騰（Kwasi Kwarteng）宣布減稅計畫時稱：「英國需要一次重大政策轉向，來刺激經濟成長。」他預計，整個減稅計畫會令英國經濟實現 2.5％的年成長，擺脫此前低成長然後不斷加稅的惡性循環。

1980 年代初，英國首相柴契爾夫人和美國雷根總統實施減稅及結構性改革政策均獲得成功，遏制了歷史級別的大通膨，走出了持久停滯性通膨的困境，為日後持續的經濟景氣奠定基礎。為什麼特拉斯如法炮製，反被市場看空？

其實，當年雷根和柴契爾夫人推行減稅計畫時也受到了很多質疑，反對者普遍存在兩點擔憂：

債務時代

一是大規模減稅會增加財政赤字。

當時,多數總體經濟學家和政策制定者均持有這種觀點。不過,拉弗(Arthur Betz Laffer)領導的供給面學派不以為然。拉弗用一條曲線告訴我們,在抵達最佳稅率之前,降低稅率可以增加財政收入,這就是拉弗曲線。理由是,降低稅率的減稅措施可以啟用投資與消費,提振經濟,擴大稅收。

但這裡存在時間落差問題。就較短的財政週期來看,降低稅率會直接削減財政收入,而減稅刺激經濟帶來的稅收擴大可能尚未出現,這時財政赤字會有顯著的增加。

當年,雷根拿著減稅法案成功入主白宮,並任命了供給面學派學者擔任聯邦財政部預算部門的要職。但是,減稅法案實施不到半年聯邦財政赤字就明顯飆升,於是雷根又削減了減稅的力度。

二是大規模減稅會增加通貨膨脹。

如果第一個擔憂成為現實,大規模減稅引發財政赤字率飆升,那麼通膨率上升將不可避免。在信用貨幣時代,赤字率飆升會削減貨幣的信用,同時增加貨幣寬鬆的預期。這為通膨及其預期上升創造了條件。

當時正在竭力抗擊通膨的聯準會主席沃克,多次提醒雷根財政部官員,減稅對抗擊通膨不利。反過來,雷根也不希望沃克過度提高聯邦資金利率以增加赤字率和失業率。於是,二人

英國金融風險：減稅、赤字與英鎊

達成了一場「交易」，各退一步。

實際上，1972 年，英國政府曾發表過一項無資金支持的大規模減稅措施，導致通膨飆升，最終以經濟停滯性通膨收場。

假如第一個擔憂不存在，政府財政系統穩健，大規模減稅沒有引發赤字率大幅上升，是否還會提升通膨率？

多數總體經濟學家認為，即使排除這個因素，大規模減稅還是會帶來通膨率上升。時任麻省理工經濟系主任費希爾（Stanley Fischer）在他的《總體經濟學》（*Macroeconomics*）中分析了供給面學派減稅政策對通膨的影響。他認為，降低稅率推動了總需求曲線和總供給曲線同步右移。他假設總供給曲線長期是垂直的。結果是，產出和收入擴大的同時，價格也上升。這個觀點不符合通膨邏輯。

我們看當前英國的財政赤字和通貨膨脹。

先看財政赤字。英國政府在 COVID-19 疫情全球大流行期間大規模擴張財政支出，財政赤字率由 2020 年底的 11.9％升至 2021 年底的 15.3％，遠高於 2015 至 2019 年間平均 2.9％的赤字率。2022 年 4 到 8 月，英國政府累計債務利息成本為 490 億英鎊，占總支出的 12.7％，超出了預期。

9 月分，特拉斯一上臺就是大手筆撒錢。她承諾提供 1,500 億英鎊家庭能源補貼以應對能源通膨帶來的生活成本危機，已提供了 600 億英鎊；實施涉及 450 億英鎊的大規模減稅；還提

債務時代

出了每年上浮國防支出約 200 億英鎊。

截止到 9 月底，特拉斯實施的一系列減稅、補貼等政策，將給英國政府本財年增加 2,000 億英鎊左右的支出，需額外借入 800 億英鎊來支持。2023 年，英國政府的財政支出將創 1990 年以來的最高紀錄，英國的債務與 GDP 的比率將提高到 101％。這是英國政府近半個世紀以來最高債務水準。

再看通貨膨脹。2022 年英國備受大通膨的煎熬，通膨率創下了柴契爾夫人時代以來的新高。如果特拉斯政府大規模減稅推動政府財政赤字率飆升，通膨率以及通膨預期都會增加，這在邏輯上是成立的。如果赤字率沒有增加，大規模減稅是否會推動通膨率上升？

從邏輯上看，政府大規模減稅在赤字率未上升的前提下（政府不是靠借錢來減稅）不會導致通膨率上升；從現實來看，政府大規模減稅，尤其是對企業和普通家庭減稅，會提高消費品價格。

這兩句話矛盾嗎？不矛盾。費希爾的分析在邏輯上是不成立的。所謂邏輯，就是如何界定通膨。根據米爾頓·傅利曼對通膨的經典論述，通膨是貨幣過度發行引發的物價上漲現象，是一種經濟扭曲。按照這個觀點，消費品價格上漲不一定是通膨，這只是現象。

是不是通膨，還要看原因。戰爭導致石油緊缺，物價上漲，這不能叫通膨。只有貨幣超發引發需求過熱，導致物價上

漲，才叫通膨。

實際上，費希爾也接受了傅利曼的主張，只是他更願意用傅利曼的邏輯來解釋惡性通膨；如今的聯準會也是採納了這種觀點，將通膨劃分為需求端和供給端兩大成因，聯準會主要負責需求端過熱引發的通膨。

從傅利曼的邏輯來看，政府手上的錢，透過大規模減稅，轉移到企業和家庭手上，貨幣沒有過度發行，不存在通膨問題。

但是，現實來看，物價為什麼會上漲呢？就短期來說，對市場上的貨幣存量的分配不同，物價水準也不同。比如，同是1億規模的減稅，返還給一個企業家，和平均發給每個家庭，對投資和消費的影響是不同的，對短期消費品價格影響也不同。由於普通家庭的邊際消費傾向更強，他們會更傾向將這筆錢用於消費，從而帶動消費品價格上漲；如果發給一個企業家，這筆錢更可能用於投資股票、房地產或製造業，推動資產價格上漲，對消費品價格的短期影響小。

總結起來，英國政府大規模減稅與補貼，如果引發赤字率飆升，將連帶通膨率飆升；如果未引發赤字率飆升，也會增加消費品價格短期上漲的預期。所以，物價上漲和赤字上升的悲觀預期重創股債匯三大市場。

債務時代

02 柴契爾改革與特拉斯效仿

面對市場對減稅計劃的看空態度，特拉斯做了簡單的辯護：英國是七國集團中債務水準最低的國家之一，但卻是稅收水準最高的國家之一……我身為首相決心做的事情，以及財政大臣決心做的事情，就是確保我們正在激勵企業投資，我們也在幫助普通人減輕稅務負擔。

如果柴契爾夫人的改革是成功的，市場又有什麼理由看衰特拉斯？

實際上，特拉斯能否像柴契爾夫人一樣力挽狂瀾，需要關注英國的總體經濟整體。

如今，歐美所遭遇的大通膨和經濟威脅，與雷根、柴契爾夫人時代頗有相似之處。2022年，整個歐洲受「雙核」衝擊，金融市場動盪不安。戰爭以及戰爭引發的能源危機導致歐洲出現大通膨，資本外流，歐元、英鎊下跌，股票、債券等金融資產下跌。同時，聯準會實施近40年來最激進的升息政策，加劇了歐元下跌和資本逃離歐洲市場。

歐盟統計局2022年8月31日公布的初步統計資料顯示，受烏克蘭局勢影響，歐元區能源和食品價格持續飆升，8月通膨年增率達9.1%。英國同年7月的通貨膨脹率高達10.1%，創下自1982年2月以來的新高，也是七大工業國組織（G7）中第一個通膨率突破10%的國家。8月通膨率為9.9%，低於7月分和

預期，但仍在非常高的水準。英國央行預計未來幾個月通膨率均將超過 10%。

戰爭和能源危機，持續大通膨，聯準會、歐洲央行和英格蘭銀行三大央行一起實施激進緊縮政策，多種因素制約歐洲投資、消費和生產活動，加劇了歐元區和英國經濟衰退的風險。

歐元區 2022 年 9 月 IHS Markit 製造業 PMI 初值降至 48.5，創 27 個月的新低，低於預期和前值；綜合 PMI 初值錄得 48.2，創 20 個月的新低。歐元兌美元匯率在當週 9 月 28 日跌到了近 20 年的新低，觸及 0.955。標普全球的一項調查顯示，2022 年英國綜合 PMI 從 8 月的 49.6 降至 9 月的 48.4，低於預期的 49；9 月服務業 PMI 錄得 49.2，跌破榮枯線（50），為 2021 年 1 月以來的新低。同時，市場研究公司 GfK 表示，2022 年 9 月英國的消費者信心指數下降 5 個點至 -49，為 1974 年開始調查以來的最低紀錄。

再看當年柴契爾夫人面對的經濟挑戰。與美國類似，英國幾乎整個 1970 年代都在通膨泥潭中掙扎。1974 到 1980 年間，英國 GDP 成長率平均僅 1.0%，而通膨率平均達到 15.9%。柴契爾夫人接手後：1980 年，英國製造業產量下降 12%；1981 年，失業率超過 12%，12,000 家企業破產。

如今，特拉斯接手的英國經濟是柴契爾夫人時代以來最糟糕的局面。與柴契爾夫人當年類似，特拉斯首要挑戰是如何控制通膨以及降低通膨給民眾生活帶來的衝擊。更艱鉅的任務是

應對戰爭、能源危機、大通膨、全球流動性緊縮、經濟衰退、英鎊暴跌、債務風險等宏觀衝擊。

柴契爾夫人當年拿海耶克當門牌，奉行貨幣主義和供給經濟學，實施自由化改革，主要措施有私有化、控制貨幣、大舉減稅、削減福利開支和打擊工會力量。

其中，減稅方面，柴契爾夫人上臺後的第一個預算案就是將個人所得稅的基礎稅率從33%降至30%，最高稅率從83%下調至60%，此後經過三次下調，基礎稅率降至25%，最高稅率降至40%；同時，個人所得稅的起徵點由原來的8,000英鎊上升至10,000英鎊，公司所得稅從52%降至35%。柴契爾夫人大規模減稅降低了企業和個人的負擔，提振了投資與消費的信心，減少了高階人才外流，提高了市場效率。

從總體經濟政策的角度來看，以減稅為主的擴張性財政政策＋緊縮性貨幣政策，是應對停滯性通膨危機的較為可行的措施，至少在雷根和柴契爾夫人時代獲得了成功。但是，回顧歷史和結合當下，重點關注其中的差異，特拉斯至少需要考慮兩點：

一是短期內，英國政府如何開源節流，應對赤字率飆升？

從歷史經驗來看，減稅計劃的時滯問題是明顯的。當年，柴契爾夫人透過國有企業私有化、縮減福利開支來緩解財政虧空問題。

英國金融風險：減稅、赤字與英鎊

「二戰」後工黨政府組建了不少國有企業，到 1970、1980 年代，英國國企普遍鉅虧，成為英國政府的巨大負擔。1974 年，英國國企虧損達 12 億英鎊。到 1982 年，英國一家國有汽車企業利蘭汽車公司的虧損額就超過 5 億英鎊。私有化給英國政府減負增收。

1979 年，柴契爾夫人先從英國國有石油公司入手，出售英國石油公司 5% 的股票獲得 2.9 億英鎊。之後，柴契爾夫人將石油、航空、港口、電信、煤氣、電力、供水等國有企業都一賣了之。英國政府出售國有資產獲得的收入從 1979 年的 3.77 億英鎊上升到 1988 年的峰值 61 億英鎊。

削減福利方面。「二戰」後，工黨政府主張福利主義，1976 年英國政府的福利支出占比超過 63%，導致政府赤字飆升，通膨持續惡化。柴契爾夫人在 1980 年推出《住宅法》，向租戶出售了一批公家宿舍。柴契爾政府期間，公家宿舍出售收入大約 160 億英鎊，占政府財政收入的 15% 左右。政府管理的公家宿舍占住房總存量的比重從 1978 年的 32% 降到 1990 年的 23%，福利住宅支出由 1976 年的 148 億英鎊降到 1989 年的 75 億英鎊。

另外，柴契爾夫人直接削減了失業金、養老金以及各種福利補貼，社會保障支出的成長率從 1979 年的 5.4% 下降到 1991 年的 3%，社會支出的成長率從 1.8% 下降到 1.1%，社會支出占國民生產毛額的比例從 43% 下降到 40%。

特拉斯政府在這方面難以效仿「鐵娘子」的做法。英國政府

債務時代

的國有資產基本被柴契爾夫人賣光了，特拉斯無產可賣；同時，福利開支方面也只會增加，而不是減少。

2021 年，英國政府債務占 GDP 的比例為 95％ 左右，在七國集團中為僅次於德國的第二低。最高的日本達到 259％。但是，日本持有美債規模超過兆美元。另外，2022 年英國的赤字率成長幅度在七國集團中最高。

特拉斯還需要考慮英格蘭銀行持續緊縮英鎊，以及市場拋售國債引發的付利成本上升和國債資產縮水。特拉斯上任不到一個月，英國政府債券指數的價值已損失超過 1,700 億美元。

二是中長期來看，英國政府能否促進經濟成長？

當年，雷根政府和柴契爾政府實施了一系列改革，而不僅僅是減稅，才開啟一個經濟景氣週期。比如，雷根政府放鬆航空等產業管制，降低準入門檻，支持資訊科技產業；柴契爾政府實施私有化改革，放鬆外匯和金融管制，推動教育改革等。

這些改革都遵循了正確的思路即增進市場自由度，讓市場去配置更多資源，從而提高經濟效率。私有化改革後，英國企業的效率明顯提高。1978 到 1985 年間，英國航空公司的生產率提升了 4.8％，英國鋼鐵公司提升了 12.9％。1985 年，連續 10 年虧損的英國鋼鐵公司純獲利 3,800 萬英鎊。當年的美國則是矽谷革命和投資銀行興起給經濟注入了持久的活力。

目前來看，英國經濟面對各種挑戰，出現了衰退的訊號。

特拉斯政府需要拿出更多有效的改革措施，增進投資和消費信心。需要注意的是，柴契爾夫人時代，稅率高、國企多、管制多，市場準入門檻高，實施有管制的匯率，市場化改革的空間大，政策力度大，政策效果更易顯現。如今，特拉斯改革的空間小，短期要解決的是能源供給、勞動力短缺等結構性問題；長期需要推動人力資本增值與技術創新。

03 明斯基時刻與新廣場協議

特拉斯的減稅政策公布後，市場已經用錢投票。《金融時報》前總編萊昂內爾・巴伯（Lionel Barber）批評特拉斯只是「柴契爾夫人的蹩腳模仿者」。有人認為，她可能會成為英國歷史上最短命的首相。

實際上，以大規模減稅為主的激進財政政策，疊加緊縮性貨幣政策，結合一系列結構性改革，可以更有效地應對當前的經濟局面。特拉斯政府要做的工作還有很多，除了加大市場化改革、增收減支外，還需要做好兩方面的工作：

一方面是管理市場預期。

同樣的政策，在不同時期實施效果可能完全不同。總體經濟政策的預期管理非常重要，聯準會前主席柏南奇認為，「貨幣政策要發揮影響力，98%靠宣傳，2%靠政策本身」。如今鮑爾正在扭轉預期管理的被動局面。

債務時代

　　預期管理是一項非常專業的工作，政策制定者需要理解企業、個人在想什麼，市場的預期是什麼，而不僅僅是政策本身的科學性。特拉斯與柴契爾夫人一樣，都是牛津大學畢業，但是很多人認為特拉斯專業度不夠，她的幕僚團隊鮮有專業人才，多屬舊識好友。

　　2022 年 9 月，受聯準會激進升息、戰爭以及能源危機惡化等因素影響，歐洲金融市場動盪，歐元和英鎊持續下跌。這個時期，特拉斯政府宣布大規模減稅計劃無疑是雪上加霜。因為很多經濟學家、銀行官員、投資者都認為，大規模減稅會提高赤字率和通膨率。且不論這種觀點是否正確，有三個問題是特拉斯政府無法迴避的：一是短期財政缺口如何填補？二是減稅政策能否解能源短缺的燃眉之急？三是減稅疊加家庭能源補貼導致消費品價格上漲怎麼辦？可以看出，特拉斯政府還沒做好準備。

　　政策制定者的預期管理，是為了避免市場認知與政策目標背離。理論上，這個政策組合對經濟是有利的，至少較長週期來看是有利的。但如果市場認知是相反的，預期變差，投資和消費信心下降，自然就會拋售英鎊、國債和股票，甚至可能引發債務危機、英鎊危機，這個政策組合也就相當於失敗了。這就是凱因斯的選美理論，索羅斯（George Soros）的反身性原理。一些經濟學家批評，特拉斯政府推行減稅計畫的時機不對。

　　特拉斯政府需要與英格蘭銀行一起配合進行預期管理。英

英國金融風險：減稅、赤字與英鎊

格蘭銀行正在實施緊縮政策，採取小步快跑的方式，截止到 2022 年 9 月已升息 7 次，基準利率上調至 2.25%。但是，特拉斯政府觸發英鎊大跌，英格蘭銀行不得不發表緊急宣告：「鑒於金融資產的重大重新定價，英格蘭銀行正在密切監測金融市場的發展。」英鎊大跌，通膨預期抬升，可能打亂英格蘭銀行的緊縮步伐，使其在下一次利率決議中大碼升息。

實際上，特拉斯政府當前要做的是解決赤字和能源供給問題。

英格蘭銀行的貨幣政策調整難度大，很難兼顧「保國債、保英鎊和抗通膨」三重任務，央行不得不扭曲操作臨時購債。這時，特拉斯政府切忌引起不必要的爭議，對英格蘭銀行貨幣政策構成干擾，陷入「大規模減稅 —— 赤字率飆升 —— 通膨上升、英鎊大跌 —— 被迫停止緊縮，甚至轉向寬鬆 —— 通膨和匯率惡化 —— 再次轉向緊縮」的被動循環。

另一方面是防止經濟政策政治化。

這種政策組合存在時滯性，需要一定的時間來呈現效果，在效果出現之前，經濟會經歷痛苦。從歷史經驗來看，儘管雷根和柴契爾夫人的改革均獲得成功，但是，他們均經歷過「黑暗時刻」。

1981 年，雷根和沃克的努力將美國經濟推入大蕭條以來的最糟糕的境地，這一年也被人們諷刺為「庸醫之年」。柴契爾夫人透過出售國有資產和削減福利開支解決了短期的赤字難題，但是私有化帶來的失業率飆升困擾著她。

債務時代

　　從財政政策角度來看，英國政府將面臨「雷根時刻」，即大規模減稅實施後的一段時間內，財政收入下滑，赤字率上升。如果政府債務能夠挺過「雷根時刻」，拉弗曲線自然顯靈，經濟復甦促進稅收擴大，政府財政收入上升。雷根執政期間，除了最艱難的1982年外，每年稅收均在成長，累計稅收為57,500億美元。

　　從貨幣政策來講，英格蘭銀行將面臨「沃克時刻」，即當經濟衰退，尤其是債務風險上升時，還能否堅持緊縮政策。目前，聯準會正進入「沃克時刻」的後半程，沃克附體的鮑爾清楚，只有把通膨降下來，價格恢復調節功能，經濟才能正常發展。英格蘭銀行業前需要堅定緊縮，力抗通膨和提振英鎊。

　　在這個過程中，特拉斯需要防止務實的經濟政策政治化，政策反覆搖擺，導致預期混亂、價格波動和金融動盪，正如1970年代大停滯性通膨時期的美國。

　　綜合以上，筆者認為，當前地緣政治危機對國際供應鏈的打擊、COVID-19疫情和能源危機對歐洲產能供給的制約、市場化改革的空間不足以及政策缺失、總體經濟政策的預期管理失敗、領導者的意志堅定程度及專業度欠缺，均不足以支持英國推行大規模減稅疊加貨幣激進緊縮的政策組合，總體經濟無法承受但似乎又不得不承受這一「組合拳」。當然，這一判斷同樣適用於日本、歐元區、阿根廷、巴西等經濟體。預感，全球「明斯基時刻」不可避免。

　　當政策組合被干擾，甚至誘發危機時，暴力出清將不可避免。

英國金融風險：減稅、赤字與英鎊

全球主要國家的總體經濟政策應該做更加充足的準備。

2022年，全球經濟遭遇「雙核衝擊」，一些國家出現了債務風險，紛紛向國際貨幣基金組織求救。截至2022年8月底，IMF發放的貸款總額達到1,400億美元，高於2020年底和2021年的總貸款額，達到了創紀錄的高點。國際貨幣基金組織承諾的總貸款額目前已超過2,680億美元，貸款餘額逼近極限。亞洲金融危機期間，韓國面臨外匯虧空風險，正是向國際貨幣基金組織求救才度過難關。

筆者認為，可能會出現貨幣互換版的「新廣場協議」，以緩解當前全球匯市的極端局面。當年，聯準會主席沃克為了抗擊通膨，大幅度提高了聯邦資金利率，美元大漲，非美元貨幣紛紛大跌。1983年，當通膨下降後，沃克擔心通膨反彈不願意過度下調聯邦資金利率。美元過度強勢，導致美國的貿易逆差擴大，財政部融資成本很高，雷根政府不滿；同時，日本、聯邦德國、英國等國家也難受，本幣過度下跌，資本外流。1985年，雷根政府的財長推動沃克與日本、聯邦德國、法國、英國的財長和央行行長簽署了穩定匯率的協議，也就是「廣場協議」，目的是讓美元貶值，其他四國的貨幣按計畫升值。

現在的情況跟當時有點類似，美元過度升值，英鎊、歐元和日圓大貶值，全球股債匯及主要金融資產價格大跌。這種局面非常危險。如今，可以考慮透過央行間貨幣互換的方式（與「廣場協議」的政策干預不同）增強匯市安全邊界，一定程度上

債務時代

扭轉戰爭及能源危機的因素過度削弱歐元、英鎊的極端局面。

央行間貨幣互換是指兩個主體在一段時間內交換兩種不同貨幣的行為，目的是提供流動性支持，穩定匯率。聯準會長期協議合作的央行有加拿大央行、英國央行、日本央行、歐洲央行、瑞士央行。2020年3月，聯準會新增澳洲聯儲、巴西央行、丹麥央行、韓國央行等共計9家協議央行。當時，COVID-19疫情全球大流行，美元指數飆升，非美元貨幣大跌，市場出現美元荒，聯準會與部分國家央行啟動了貨幣互換協議，提供美元流動性支持。

日本央行上週宣布干預外匯，這是日本央行在1998年之後第一次干預外匯。日本央行手持美元資產超過兆，有條件干預；而外匯不多的央行可以考慮透過貨幣互換來穩定匯價。目前，英國政府和英國央行合計外匯存底只有1825億美元，可以考慮啟動貨幣互換來拯救英鎊。從另外一個角度來看，英鎊沒有那麼糟糕，根據英國央行的有效匯率指數，英鎊兌一籃子貨幣匯率僅下跌7%；按實際有效匯率計算，英鎊匯率僅比10年平均水準低4%。在美元「一枝獨秀」的時代，英鎊的目標不是跑贏美元，而是不要落後於歐元、日圓。

如果能夠穩定外匯，那麼資本外流會減少，這有利於貨幣互換國的股票、債券和房地產價格的穩定，也可一定程度上降低國際金融風險。

當然，這只是權宜之計。市場需要時刻準備迎接暴力出清。

參考文獻

(1) 魯迪格・多恩布希、史坦利・費希爾,理查・斯塔茲。總體經濟學(第十三版)[M]。北京:中國人民大學出版社,2017。

(2) 班・柏南奇。行動的勇氣[M]。蔣宗強,譯。北京:中信出版集團,2016。

債務時代

美元週期

　　2022 年,全球經濟正式進入緊縮週期,全球債務冰川斷裂的聲音漸行漸近。

　　每一次美元進入緊縮週期,新興市場國家的貨幣都多會遭遇貶值壓力,通膨讓人民生活苦不堪言,而債務一旦爆雷,經濟崩潰緊跟其後,這是「熟悉的、見過很多次的危機」。

　　這類週期性貨幣危機,與美元週期緊緊捆綁。

　　問題在哪裡?美元,還是新興市場國家?新興市場國家如何破除「詛咒」?

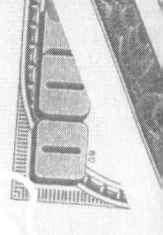

美元週期

何謂「美元霸權」？

2021年4月間,「拋售外匯反抗美元霸權」的言論再次流行。

支持者眾,認為拋售外匯,減持美債,可打擊美元霸權的囂張氣焰。當然,反對者也不少。

何謂「美元霸權」？美元擴張的根源是什麼？對眾人來說,外匯是相對陌生的領域。但是,只有理解外匯,才能真正理解一個國家的真實力量,也可以更容易理解新興市場國家與美國之間的衝突所在。

本節從貨幣的角度分析「美元霸權」。

01 美元霸權與公共財

一個國家持有的一切外幣資產都可以稱為外匯。當今,外匯主要是國家持有的美元、歐元與美債。一個國家的貨幣越受歡迎,說明這個國家的貨幣越可靠。就當前而言,美元依然是第一大國際儲備貨幣,全球不少國家儲備美元來發行貨幣。換言之,很多國家的貨幣都是以美元的信用為錨。

如果美元寬鬆,這些國家的貨幣也必須跟隨寬鬆；如果美元緊縮,這些國家的貨幣也必須跟隨緊縮。只是寬鬆與緊縮的力度有所差異,否則就容易引發外匯波動風險。如果美元崩

盤，定然殃及這些國家的貨幣。

問題來了，美元是否存在霸權？

霸權說者認為，每次美元寬鬆都水淹全球市場，收取鉅額鑄幣稅；每次美元緊縮，都引發新興市場國家的債務危機和貨幣危機。這是最為流行的說法，能不能用來論證美元霸權？

這是一種渲染著民族主義情緒的說法。首先，美元大水漫灌肯定是有問題的，具體問題在下面分析。但是，正如筆者在本書中所分析的，如拉美債務危機、亞洲金融危機、俄羅斯危機、土耳其危機、委內瑞拉危機的根本原因都在新興市場國家自身上，這些國家的貨幣超發規模及政府負債率遠超過同期的美國。

美元是否存在霸權，不能簡單地以此來判斷，我們需要理解美元及其信用貨幣的本質。美元到底是私人用品，還是全球公共財？

假如美元是私人用品，聯準會是一家以營利為目的的私人銀行，那麼美元的寬鬆與緊縮都是正常的市場行為，任何個人、企業及政府都有隨時購買美元或拋售美元的自由。好比你剛買了某地產商的一套新房，一個月後第二期開盤，供應規模大增，八折促銷。

這時，你可能會感到氣憤或沮喪，你可以繼續持有或拋售，或將該地產商列入黑名單，但無法反悔（除契約約定外）。

美元週期

很多人支持這種觀點,認為美元作為「世界貨幣」的地位是國際貨幣市場競爭的結果。當美元擴張時,手上的外匯貶值,可繼續持有,也可拋售,還可永遠放棄對美元的購買。

在1982年拉美債務危機中,拉美國家普遍採取釘住美元的固定匯率,同時大量借入美債。美元升值,危機爆發,「鍋」是美國的嗎?如今全球外匯基本實現了市場化,美元的地位是國際貨幣市場競爭的結果,這是美元市場化的部分。但是美元不完全是市場化的產物,因為美元不是私人用品,而是一種公共財,一種全球性的公共財;聯準會也不是一家私人銀行,而是一家由私人股東組成的公共機構。

以前的金屬貨幣和商品貨幣,如黃金、白銀、貝殼、食鹽、石幣,是自由市場競爭出來的結果。但是,信用貨幣是由國家集體意志確定的公共契約,是法定貨幣,具有法償性(強制接受的特性)。在法定貨幣面前,市場參與者者沒有自由選擇權。在日本交易必須使用日圓,在美國必須使用美元。如果你要去美國旅遊或投資,你不得不購入美元,除此之外別無他法。國家壟斷了貨幣。我們不能說戰爭的勝負是自由市場競爭的結果,同樣我們也不能說貨幣的地位是自由市場競爭的結果。

所以,美元以及任何國家的法定貨幣都具有公共屬性,都是國家信用的核心。擴張或緊縮美元的行為不僅是一種市場行為,也是一種國家的公共行為。

我們再看美元是否為霸權。

何謂「美元霸權」？

霸權是建立在操控基礎上的非正義行為。在自由市場中，降價、漲價、縮減產能、增加供應，都具有正當性。但是，在國家層面，行為的正當性不容易判別。

比如1960年代美元貶值，法國政府拋售美元，美國政府則以減少歐洲防務經費相威脅。美國是非正義的，還是法國是非正義的？表面上看，美國政府以軍事力量相威脅，迫使法國政府持有美元，這是一種霸權行為。但是，當時的貨幣體系是布列敦森林體系，美國、法國及主要成員國約定共同維護美元與黃金的固定比價，法國政府主動拋售美元屬違約在先。

從經濟學的角度來看，外部性是行為正當性的判斷標準。如果個人行為導致負外部性，給他人帶來損失，如工廠生產汙染農民的農田，那麼這種行為就是非正當的。如果國家的軍事行動侵占他國領土，這種行為就是非正義的霸權行為。

但是，美元的行為要比軍事行動複雜得多。還以拉美債務危機為例，1982年聯準會主席沃克大幅度提高美元利率，誘發了拉美債務危機。這是不是美元霸權？從動機的角度是難以判斷的。聯準會當時首要任務是治理通膨，所以普遍認為，沃克大幅度提高利率的動機是遏制國內通膨，而不是狙擊拉美國家。但是，當時美國一些經濟學家，如勞勃·孟岱爾（Robert Alexander Mundell），預期到拉升美元利率會使拉美國家岌岌可危，國際資本回流美國；美國財政部斯托克曼（David Stockman）領導的預算部門還建立了預測模型。換言之，不能排除聯

美元週期

準會有引發拉美債務危機促使資金回流的動機。

如果說蒙代爾、沃克的動機不是狙擊拉美國家，只是「猜中」了，那麼在後來無數次美元寬鬆──緊縮行動中，聯準會已駕輕就熟。最近幾十年，每次美元寬鬆，都會導致大水漫灌全球市場。

儘管有些新興市場國家比聯準會更有動力擴張貨幣，但各主要國家除了跟隨也別無選擇。每當美元緊縮時，有些新興市場國家就會反覆爆發債務危機和貨幣危機。聯準會對此過程已頗為熟悉。

如上所述，主要問題還在新興市場國家自身。但聯準會有沒有拉爆新興市場國家的債務，促使美元回流，加速國內經濟復甦的動機？這是無法判斷的。所以，從自由市場的角度，美元不存在所謂的霸權一說，頂多是「濫用市場支配地位」。但是，美元不是私有用品，是公共財。聯準會的行動是國家行為。在全球化時代，國家主權被弱化，國家行為受到國際市場的約束。反過來，過激的國家行為也可能引發國家衝突。比如，美國政府在大蕭條期間單方面提高關稅，在 1971 年宣布美元與黃金脫鉤，這些行動都會對他國造成衝擊。

那麼，能否拋售外匯對抗聯準會的「國家行為」？

02 拋售外匯與公共費用

如今的經濟領域，貿易和金融已走向全球化，而法定貨幣還是國家化的，這就容易產生權責利衝突。美元的鑄幣權影響全球市場，但是聯準會不需要對全球市場負責，只需對美國公民負責。很多人批判聯準會不負責任，只考慮美國的通膨、就業與金融穩定而放水或緊縮，不管國際市場洪水滔天。

但是，只看權與責不對等還不夠，還要看利。美元是公共財，而且是全球性的公共財，聯準會不以美元來營利。那麼問題來了：誰來承擔美元的公共費用？

在金本位時代，貨幣的費用是真金白銀。西元 1844 年的《銀行特許法》規定，英格蘭銀行發行部必須持有 1,400 萬英鎊證券以及貴金屬，才能發行等額銀行券。如今的信用貨幣也並不只是「一張紙幣」，支撐信用貨幣需要大量的費用，這費用屬於公共費用。如果公共費用不足，即便是法定貨幣也會貶值。法定貨幣的公共費用來自哪裡？

法定貨幣的公共費用由本國的納稅人承擔。在一個封閉的國家，央行只需要找到本國最可靠的資產作為抵押資產發行貨幣。這是一種交換關係，納稅人不需要支付太多的費用。同時，任何國家的貨幣，一旦轉化為資本，都可以帶來收益──商業銀行發放信貸獲得利息收入。不過，私人商業銀行的資本收入屬於私人收入，只有納稅部分才屬於公共收入。

美元週期

在全球化時代，各國貨幣相互競爭，各國央行都在尋求更優質的資產來提升本國貨幣的信用。而優質的資產則需要付出公共費用。

在一些新興市場國家，本幣以美元為資產發行。美元從哪裡來？要不來自出口賺取外匯，要不來自政府對外借債。外匯是納稅人創造的財富，政府外債最終也是由納稅人來償還。如果外匯不足，或本國沒有可靠的信用資產，本幣就會貶值。

納稅人為本國的法定貨幣支付費用沒有太多爭議。如果國際市場大量使用本國法定貨幣，本國人要為此付出大量的公共費用，就容易引發衝突。美元就屬於這種情況。

國際貿易、投融資以及外匯存底都大量地使用美元。2020年，美元在國際貿易支付中的比重為87％，在世界各國外匯存底中的比重為60％左右。美元是世界的美元，但是美元的費用誰來承擔？

美元的信用資產主要是美國的國債。大量國債可以為美國帶來強大的軍備，也可以給低收入家庭發放更多的福利，但是最終由美國納稅人買單。國際市場需要的美元越多，美國政府就必須發行越多國債，納稅人就需要承擔越多的美元費用。美國人願不願意？

很多人感覺到奇怪，美元為美國人帶來這麼多好處，為什麼還不滿？美國願不願意讓美元成為「世界貨幣」？當然願意。中國願不願意讓人民幣成為「世界貨幣」？也很期望。為什麼？

因為一旦成為「世界貨幣」，商業銀行向全球發放貸款，可以獲得大規模的資本收入。事實上，美國的商業銀行「出口」美元賺取了大量利潤。這相當於美元資本化的收益（屬於私人收入，不是公共收入）。

不過，大部分人的野心不止於此。世界貨幣意味著「印錢就可購買全世界」，每個國家都想在全球收取鑄幣稅，這是極為樸素而危險的道理。全球鑄幣稅的本質就是平攤「世界貨幣」的公共費用。美國傾向於擴張美元，讓全球共擔美元的公共費用。為什麼擴張美元相當於分攤了美元的公共費用？一是「出口」美元，擴張的美元可以在全球購入更多資產；二是美元貶值相當於稀釋了他國的外匯財富；三是美元利率下降，可以降低美債的利息成本。如今新興市場國家持有大規模的美債，美債的利息極低，這相當於美元的公共費用大量分攤給了這些新興市場國家。

美元的問題，不是霸權的問題，而是全球公共財費用的問題。對這個問題，筆者在《國際秩序》一書中將其定義為「新金德爾伯格陷阱」（New Kindleberger Trap）。本質上，這是經濟全球化與法定貨幣國家化之間的衝突。

美元作為全球公共財的費用問題，一直以來都沒有一個理性的解決方案，這導致世界陷入「囚徒困境」（Prisoner's dilemma）。聯準會傾向於擴張美元，減輕債務負擔，分攤美元費用。但是，這麼做相當於透支了美元的信用。美元擴張，政

美元週期

府債務也擴張，美國的債務規模反而更大，貨幣信用更差。新興市場國家傾向於機會主義，不願意承擔美元的費用，但屢屢在大水漫灌中受損，它們試圖擺脫美元的「詛咒」，但又無力擺脫。而聯準會為了穩住美元的地位，樂於見到新興市場國家在美元緊縮時爆發危機。這是一個走向「雙輸」的方向。

這時，美元費用問題就容易被解讀為美元霸權問題。如果拋售美元打擊美國，就相當於「新金德爾伯格陷阱」演變為「囚徒困境」，然後惡化為國家衝突。

拋售美元，根據目的和程度不同，可以分為市場行為、國家博弈與國家衝突。在美元寬鬆時，新興市場國家的央行考慮到美元貶值風險適當減持美元，穩定外匯投資收益，這是國際貨幣市場競爭的結果，正如華爾街金融機構作空美元一樣。按這個邏輯，當前美元流動性正逼近轉捩點，正是增持美元的時機。如果是國家行為，拋售美元與美國博弈，給聯準會一些壓力，不能讓美元過度貶值，這也無可厚非。事實上，每次美元進入寬鬆週期，美元在國際外匯存底中的比重都會有所下降，這屬於市場競爭與國家博弈的結果。

但是，如果策略性、大規模拋售美元，就容易引發國家衝突，相當於爆發金融戰，好比一個國家禁止採購另一國的農產品而引發貿易戰。2014年克里米亞危機爆發後，美歐對俄羅斯實施經濟制裁，俄羅斯全面拋售美元加以報復。俄羅斯本就沒有多少外匯存底，經濟制裁使石油價格下跌，石油創造的外匯

更少，俄羅斯乾脆拋售美元。而拋售美元的結果是爆發盧布危機，盧布失去了足夠穩定的信用錨，外匯價格大幅度貶值。新興市場國家若策略性、大規模去美元化，就要做好與美國爆發國家衝突的準備，正如美國與俄羅斯之間的鬥爭。

03 世界貨幣與自由貨幣

如今，外匯的使用與流通決定著全球化利益格局與國家關係。

首先是外匯使用權的問題。如果是結匯制度，國家持有外匯，不是民間持有外匯，那麼外匯的使用屬於國家行為。國家策略性、大規模拋售外匯，相當於對美國發動金融戰爭。這時，決策者需要慎用外匯權，如何使用外匯影響著國家關係，甚至影響著全球化經濟結構。

如果大部分美元外匯用於購買美國的國債，那麼大量美元就會回流到美國金融市場，刺激債市和股市繁榮，這是美國華爾街大廠、跨國公司以及建制派願意看到的。

如果聯準會擴張美元，跨國公司持有更多的廉價美元投入新興市場國家，就會有更多的商品出口到美國，新興市場國家得到更多的外匯繼續購買國債，華爾街大廠、跨國公司沒有承擔美元擴張的費用，反而得到了「龍王精準降雨」的好處，所以他們支持拜登（Joe Biden）繼續維持這種美元回流的全球利益鏈。

美元週期

但是,這種全球利益鏈是失衡的。大量外匯購買了美國國債,少量外匯購買了美國商品,這導致兩國經常失衡,美國長期逆差,新興市場國家長期順差。同時,本土的製造企業及工人沒有享受到美元作為「世界貨幣」的好處,反而還主要承擔了美元擴張的公共費用。

如果大部分美元外匯用於購買美國的商品,那麼美國出口就會大量增加,製造業及農業興旺,這是美國本土製造企業、工人、農民及中產家庭願意看到的,所以他們支持川普打破原有的美元利益鏈的嘗試,增加美元外匯對美國本土製造商品及農產品的採購。

所以,當外匯的使用權歸屬國家時,外匯的使用變成了國家行為,過度使用外匯如拋售外匯容易被政治化。最理性的選擇是避免將此上升到國家衝突的層面。

那麼,該怎麼辦?

人類社會探尋到兩條解決衝突之道:一是集體行動的國家制度;二是自發秩序的自由市場。

相比個人、部落、城邦,國家制度是一種更有效率、更文明的存在。國家制度最大的發明是建立了公權力,國家透過公權力壟斷暴力,結束了氾濫的私人戰爭。

近代社會,自發秩序的自由市場是抑制或消滅國家戰爭的重要路徑。自發秩序的邏輯是,讓更多權力與資源回歸個人,

讓個人去發揮、去創造、去生產、去交易。更多的資源與個人進入國際市場自由競爭，更有利於國家之間的和平與穩定。在外匯非國家化的國家，外匯由市場自由支配，是買美國的國債、地產、股票、農產品、商品、服務，還是買阿根廷的牛肉、法國的紅酒、義大利的石頭，都是由每一個市場個體決定的。即便美國還是存在貿易逆差，由於每一個人的自由選擇都具有正當性，不會引發國家行為的衝突風險。

通常，外匯的市場化、自由化可以抑制經常專案失衡。如果美國的汽車價格下降，會吸引更多人進口美國的汽車，這是價格機制在發揮作用。有些家庭願意進口優質的奶粉和藥品，這是供給機制在發揮作用。同時，浮動外匯還可以抑制本國貨幣超發以及通貨膨脹，這是基於傅利曼的浮動匯率和貨幣政策獨立性學說。

當然，與傅利曼針鋒相對的是蒙代爾，他主張固定匯率和世界貨幣。為此二人曾有過精采的辯論。蒙代爾主張固定匯率，似乎受金本位的影響，他認為匯率穩定是至關重要的。根據他的不可能三角（Impossible trinity）理論，如果堅持固定匯率，那麼就必須在貨幣政策獨立性和資本自由流通中二選一。如果選擇資本自由流通，那麼貨幣政策的主要作用就是服務於外部市場均衡，即維持固定匯率。這好比將全世界的法定貨幣都捆綁在一起，類似於布列敦森林體系。沿著此思路下去，很自然就會推匯出世界貨幣。所以，蒙代爾的貨幣主張是超國家

概念的世界貨幣。支持世界貨幣的理論是他在 1961 年提出的最佳貨幣區理論，這個理論最終促成了全球第一個區域貨幣——歐元的誕生。

蒙代爾的最佳貨幣區理論是解決世界貨幣的公共費用問題的重要路徑。比如上述我們提出美元的公共費用問題，蒙代爾的思路是把美元給「解決」了，將所有法定貨幣變成一個或多個區域貨幣，所有人共同為此支付費用。

但是，蒙代爾的「超國家概念」的世界貨幣，並不是去國家化，而是尋找一個更大的「國家」。歐盟就是這個更大的「國家」。

蒙代爾的貨幣主張延續的還是國家權力思維，依賴於更強大的中央銀行。然而，與超國家的中央銀行相應的是超國家的中央財政，中央財政的弱化是當前歐元的主要問題所在。筆者相信，融合是必然的，但融合的關鍵力量不是權力集中的國家組織或者超國家組織。

根據蒙代爾不可能三角，在固定匯率下，如果選擇貨幣政策獨立性，那就意味著要實施資本管制，這反而會強化國家力量對金融市場的管制。金融管制相當於構築了金融高牆，大規模的外匯表面上構築了足夠寬的護城河，然而這種管制下的安全反而是更大的危險。外匯占款帶來的貨幣超發會引發資產泡沫，形成可怕的「堰塞湖」。資產泡沫讓個人立於高泡沫、高債務的危牆之下。

淺層次的市場化是利率自由化、匯率自由化，將更多的貨幣發行和管理權下放到市場，回歸到自由交易與競爭的正當性上。在開放經濟體中，匯率是浮動的，資本可以自由進出，本國資產，如股票、國債，由國際市場來定價。這類優質資產是相對可靠的，可以作為本國貨幣的信用資產。如此，開放性國家的官方不需要儲備鉅額的外匯。

深層的市場化是貨幣供應的市場化，貨幣屬性去公共化。回到美元霸權這個話題，人們之所以認定或懷疑美元霸權，是因為美元不是私有財而是公共財，聯準會的行動是國家行為。解決這個問題最佳的辦法是，聯準會將貨幣發行權下放到商業銀行。商業銀行以土地、房地產、股票、國債為抵押對外提供貸款，然後用國債等可靠資產向中央銀行換取等值的「負債證明書」，即可發行貨幣。聯準會負責制定貨幣發行的制度以及進行金融監管，商業銀行負責供應貨幣，讓信貸市場和外匯市場決定貨幣的價格。

美元作為世界貨幣的公共費用問題也得以解決。中央銀行不能作為營利性部門，但商業銀行是專營貨幣與信貸的營利性部門，商業銀行賺取了貨幣轉化為資本的全部收益，理應成為貨幣費用的真正承擔者。商業銀行可以在自由競爭中權衡費用、利潤與風險，經營貨幣信用。

如此，聯準會沒有權力擴張貨幣，更沒有動力行使美元霸權。

這就是解決所謂「美元霸權」的根本邏輯。法定貨幣自由化

> 美元週期

還不夠，還要打破法定貨幣的壟斷地位，讓私人貨幣與之平等競爭與被監管。這種貨幣制度，筆者稱為自由貨幣。

然而，全球經濟債務化，債務貨幣化，貨幣政治化，這是如今問題的癥結所在。

參考文獻

(1) 華特・巴治荷。倫巴第街 [M]。劉璐，韓浩，譯。北京：商務印書館，2017。

(2) 查爾斯・P. 金德爾伯格。1929～1939年：世界經濟蕭條 [M]。宋承先，洪文達，譯。上海：上海譯文出版社，1986。

新興市場國家瀕臨貨幣危機

2021年3月，土耳其里拉崩盤。

里拉崩盤引發土耳其金融地震。土耳其伊斯坦堡100指數一度暴跌觸發熔斷。債券價格崩盤，土耳其10年期國債收益率單日大漲17.25%，創下歷史最大漲幅。

土耳其瀕臨國家信用危機。這種節奏極為熟悉，就在2018年，土耳其里拉也遭遇崩盤，並引發股債樓「三殺」。記得當時

美國經濟學家克魯格曼（Paul Krugman）評論說：「土耳其債務危機是一種典型債務危機，是我們很熟悉的、見過很多次的危機。」

自 1982 年拉美債務危機開始，每一次美元（預期）進入緊縮週期，新興市場國家的貨幣都會遭遇貶值壓力，甚至引發貨幣危機和債務危機。過去的典型是阿根廷，如今是土耳其。周而復始，屢崩不止。這就是克魯格曼所說的「熟悉的、見過很多次的危機」。

土耳其里拉崩盤只是個開始，如今，美元正在進入流動性轉捩點，新一輪緊縮週期的預期越來越強，俄羅斯、巴西、阿根廷、印尼、印度等會遭遇何種命運？中國會受到怎樣的衝擊？新興市場國家上空為何會一直高懸這把「達摩克利斯之劍」？

本節從經濟學的角度分析新興市場國家的週期性貨幣危機。

01 週期性危機

1982 年 8 月，墨西哥率先宣布無力償還外債，隨後幾個月其他拉美國家跟隨，拉美債務危機爆發。

這次債務危機擊垮了拉美國家的金融系統，貨幣、股市及債市崩盤，爆發惡性通膨。1984 年，墨西哥披索兌美元匯率只相當於 1980 年的 10%，而阿根廷披索的匯價僅相當於 1980 年

的 1‰，巴西與阿根廷國內的通膨水準最高分別達到 5,000% 和 20,000%。

這到底是怎麼回事？

這件事還得從 1971 年的布列敦森林體系解體說起。布列敦森林體系解體後，世界開始進入信用貨幣時代和浮動匯率時代，但為了維持匯率的穩定，拉美國家沿襲了布列敦森林體系的慣例，普遍採取釘住美元的固定匯率制度。

這種固定的外匯制度是有風險的，它好比與博爾特（Usain Bolt）賽跑，博爾特加速時，就是美元緊縮時，你得跟得上，而跟不跟得上，主要看外匯淨儲備，根本上取決於經濟實力。港幣與美元是錨定的，港幣能夠跟上美元的節奏，但是拉美國家的貨幣就不一定了。

1970 年代美國遭遇了持續的停滯性通膨危機，美元貶值，相當於放慢了奔跑的步伐；同時，石油等大宗商品價格上漲，拉美國家出口創造外匯規模較大，能夠跟上美元的腳步。但是到了 1982 年，聯準會主席沃克將聯邦資金利率提高到 20% 以遏制通膨，結果美國的通膨是下去了，卻直接擊潰了拉美國家的貨幣市場。

為什麼呢？

聯準會提高利率，美元快速升值，進入緊縮週期。拉美國家的貨幣釘住美元也必須跟著快速升值，能否跟得上取決於國

內是否有足夠的外匯淨儲備。這時，這些國家囊中羞澀，沒有足夠的外匯頂住幣值上行壓力。美元升值導致大宗商品價格下跌，拉美外匯收入能力被削弱。

更重要的是，1970 年代，拉美國家欣欣向榮，大舉外債，擴張財政，刺激經濟。到了 1982 年，拉美國家的外債總額是 1970 年的 14 倍，達到 3153 億美元。當時，拉美國家的外匯淨儲備是負數，嚴重虧空。

為什麼拉美國家會借這麼多外債？

當時布列敦森林體系剛解體，很多人還不清楚新的信用貨幣怎麼玩。信用貨幣以國家信用為錨，當時包括花旗銀行在內的美國金融大廠都認為，國家不會破產，大肆地向拉美國家提供信貸。結果，花旗銀行在這場拉美債務危機中遭遇重創。這在沃克的回憶錄中得到證實。

拉美國家手持大規模的短期外債，這些外債的利息是按浮動利率支付的。沃克大幅度提高利率，拉美國家的外債負擔急遽增加，政府無力償付，引發貨幣危機和債務危機。

這裡的邏輯是，信用貨幣的信用錨是外匯淨儲備，債務違約意味著外匯淨儲備為負，貨幣信用崩潰，貨幣對內對外大幅貶值，外匯崩盤，通膨爆發，同時以本幣計算的資產價格，如股票、房產的價格也崩盤。

1982 年拉美債務危機持續多年。1986 年聯準會又開啟新一

美元週期

輪的緊縮,拉美債務危機持續惡化。1986年底,拉美國家債務總額飆升到10,350億美元。隨後,美國聯邦政府及聯準會啟動了布雷迪計畫(Brady Plan),減免了部分國家的外債,近40個拉美國家及新興市場國家的債務獲得重組。

歷史資料表明,每當美元進入緊縮週期,新興市場國家都會爆發類似的貨幣危機或債務危機。

到1990年代,拉美國家才稍微從債務危機中逐漸恢復。然而,1994年聯準會連續6次升息,聯邦基金目標利率由3%上升到了5.5%。

墨西哥披索又大幅貶值,外資加速外流,經濟增速斷崖式跌入負數。墨西哥危機很快傳遞到其他拉美國家,拉美債務危機再次爆發。這就是龍舌蘭酒效應。[12]

此後,1997年的泰國(亞洲)金融危機,2001年的阿根廷債務危機,2015年的俄羅斯盧布危機,2018年土耳其及新興市場國家的貨幣危機,都與美元緊縮週期直接相關。

2018年美元進入快速緊縮通道,連續四次升息。阿根廷、土耳其、俄羅斯、巴西及其他新興市場國家均遭受不同程度的衝擊。到2018年9月,阿根廷披索對美元下跌超過50%,土耳其里拉貶值近40%,巴西雷亞爾跌幅超過20%,這三個國家的

---

[12] 龍舌蘭酒效應(Tequila Effect)是指1994年墨西哥金融危機。自1990年代以來,隨著金融全球化的不斷發展,某一個國家或者一個地區的金融情勢出現動盪,甚至是陷入金融危機以後,會產生傳染效應。

主權貨幣貶值幅度之大已經可以定義為貨幣危機。南非蘭特、俄羅斯盧布、印度盧比、智利披索貶值幅度均超過 10%，印尼盾貶值超過 9%，中國人民幣貶值超過 5%。

在這波危機中，最嚴重的是土耳其。土耳其里拉崩盤引發金融連鎖反應，外債還本付息負擔加重，債市風險急速增加，國家財政赤字進一步惡化，進而引發外債市場危機。同時輸入性通膨加劇，物價快速上升，通膨風險加劇；國內資金外逃，資本帳戶融資受限，房地產資產泡沫破滅，陷入崩盤危機。土耳其最終陷入全面金融危機，匯市、債市、房地產市場都未能倖免。

這場危機之所以沒有在新興市場國家繼續發酵，是因為 2020 年爆發了 COVID-19 疫情。COVID-19 疫情逆轉了聯準會的貨幣政策，美元大規模擴張，相當於放緩了奔跑的步伐，新興市場國家緩了一口氣。問題是，疫情席捲全球之際，很多新興市場國家放水比美國更加迅速，反而加重了新興市場國家貨幣的脆弱性。2021 年隨著疫苗的快速普及，美國經濟復甦，聯準會升息的預期得到強化，美元升值，新興市場國家貨幣再次面臨貶值壓力。這場正在靠近的貨幣危機，其實是 2018 年的延續。

每次全球性大放水後，新興市場國家都會遭遇一次不同程度的貨幣危機或債務危機。這種趨勢會日漸明顯，因為每次全球性寬鬆週期，新興市場國家放水都更加凶猛，更加透支本國

美元週期

的貨幣信用,貨幣和債務更加脆弱。

過去40年,這種週期性危機如懸在新興市場國家上空的「達摩克利斯之劍」。

問題出在哪裡?

02 債務型經濟

有人說,問題在美元,美元在全球「榨取利益」。

聯準會當然有責任。美元是全球最主要的國際結算貨幣和儲備貨幣,美元擴張,新興市場國家不得不跟隨。美元是國際金融的基石,但聯準會不需要對國際金融穩定負責,這是責權不對等。當年布列敦森林體系解體後,美國財政部長康納利(John Connally)在七國財長會議上說了一句:

「美元是我們的貨幣,卻是你們的麻煩。」這句話讓各國財長很不舒服,也讓身邊的沃克很尷尬。後來,沃克擔任聯準會主席後考慮過將維護國際金融穩定納入聯準會職責。但是,這是有爭議的。

核心的問題是誰為美元買單。美元不是絕對市場化的產物,它是一種全球化的公共財,支撐這種公共財的信用需要支付大量的費用。這個費用誰來支付?美元的國際使用者及他國央行不願意支付,美國納稅人不願意支付。聯準會擴張美元,讓美元貶值,其實是讓全球共同擔負這一公共費用。

新興市場國家瀕臨貨幣危機

聯準會的真正問題是一次又一次地開啟經濟干預的魔盒。但將問題聚焦到新興市場國家，美元只不過是一個外在因素。假如沒有聯準會，新興市場國家會不會放水？更直接的問題是，每一輪美元緊縮，為什麼先進國家不會爆發週期性危機？

所以，根本問題還在新興市場國家自身。

有人說，新興市場國家金融制度有問題，比如固定匯率制度。金融制度對金融安全來說是很關鍵的。如果一個國家的經濟力量不足，本幣匯率又強行釘住美元則容易被後者拖垮。如今，新興市場國家的貨幣制度有釘住美元的固定匯率，也有自由浮動匯率，也有管制性浮動匯率，但是不管哪一種制度，開放性的也好，非開放性的也好，危機的邏輯是不會變的。貨幣危機是否爆發，取決於貨幣是否具備足夠的信用資產支撐相應的貨幣規模。

貨幣的信用資產是什麼？就是央行資產負債表中的資產。新興市場國家貨幣對應的資產，一般包括外匯和本國資產（國債、股票）。

外匯是最硬核的資產，其中美元、美債依然是最值得信賴的金融資產。外匯主要靠出口製造，經常專案盈餘多的國家，外匯比較充足，有助於維持貨幣信用穩定。相反，不少新興市場國家外匯赤字嚴重，不得不大舉外債來填充信用資產。尤其在美元寬鬆週期，新興市場國家不得不擴張貨幣。如果不擴張貨幣，本幣就會升值，貿易赤字更加嚴重。事實上，一些新興

美元週期

市場國家在大放水時期更有動力擴張貨幣。但是,擴張貨幣需要外匯,這些新興市場國家趁美元利率低時大舉外債以擴張貨幣,如此,外債負擔就會大幅增加。土耳其、阿根廷、南非、智利、印尼就是這種情況,它們的外債占 GDP 比重都超過 30%。

我們還以土耳其為例。2008 年金融危機後,土耳其的經濟表現感覺還不錯,但其實隱患重重。在過去全球大放水的時期,土耳其乘機借了很多廉價美元和歐元。2010 年初,土耳其的私有和上市銀行總計有外債 1,750 億美元,幾乎全部都是美元或者歐元債務。

2018 年第一季度,這一數字達到了 3,750 億美元,而且其中 1,250 億美元還是短期債務。以當時的匯率計算,這些債務的規模就已經相當於土耳其年度經濟產出的大約 44%,而以 2018 年匯率計算,這一比例更是接近 80%。

大規模的外債支持土耳其大肆擴張里拉,里拉過度發行刺激經濟成長,但是通貨膨脹和房地產泡沫隨之居高不下。從 2003 年到 2020 年,土耳其的 M2(廣義貨幣,包括現金、活期存款和定期存款等)增加了超過 20 倍。艾爾多安(Recep Tayyip Erdogan)執政後,土耳其 M2 的年平均增速達到 23%,遠遠超過中國。大規模的貨幣推動土耳其房價和物價瘋漲。

可以看出,土耳其的經濟、股票、房地產都是由擴張的本幣里拉支撐的,而里拉又是由大規模的外債支撐的。美元一旦

進入升值趨勢，土耳其就會面臨雙重壓力：一是美元利率上升，外債負擔加重，舉債能力減弱，容易引發償付危機；二是里拉貶值壓力增加，沒有足夠的外債支撐里拉價格。土耳其現在的情況是外債還沒有違約，但已無力維持里拉的價格，里拉持續貶值。如果外債出現償付危機，那麼債務危機和貨幣危機將同時爆發，出現系統性金融危機。

如果不使用外匯，而是使用本國資產，即不對外舉債，而是對內舉債，央行採購國債作為信用資產，是否可行？

當然可以，但前提是本國資產（國債）必須可靠。如何判斷本國資產是否可靠？最簡單的辦法是國際定價。如果金融是開放的，本國的土地、股票、房產都經過國際市場的定價，這些資產通常比較可靠。央行可以採購國內資產發行貨幣，不需要持有大規模的外匯來構築防火牆。比如，日本是一個開放性國家，日本央行就採購了很多本國股票和國債。當然，這並不是說，日本無底線的量化寬鬆不會出問題。

有些新興市場國家的金融不是開放的，他們對內舉債，央行採購國債，政府擴張國債融資。如果債務償還壓力大，政府可以向央行融資，以避免爆發債務危機。這就是財政赤字貨幣化。

為什麼美國可以財政赤字貨幣化？原因主要有兩點：一是美元是「世界貨幣」，二是美國是開放經濟體。但即便如此，美國的財政赤字貨幣化在邏輯上也是不可持續的。

開放型經濟體幾乎是發展的唯一選項。融入大海，看似更危險，其實更安全。在開放型經濟體中，國際市場更有助於抑制新興市場國家的大肆舉債、資產泡沫以及通貨膨脹。在內陸湖中，看似常年平靜，實則暗藏風險。

所以，根本問題還是本國泡沫化的經濟。土耳其的經濟是一種貨幣現象，土耳其的經濟成長是一種外債拉動型的經濟成長。這種經濟是脆弱的，經不起任何外部風險，利率稍微上漲，他們便會因無力償債而破產。這類新興市場國家的貨幣都是劣質的，貨幣支撐的整個經濟體都是脆弱的，經不起任何升息風聲（預期）。

如今，在新興市場國家，冰川斷裂的聲音漸行漸近。

03 停滯性通膨式崩潰

所謂春江水暖鴨先知，貨幣政策最敏感的是價格，如債券價格下跌，物價上漲。

美元每一輪緊縮週期臨近，新興市場國家的通膨率都蠢蠢欲動。受貨幣波動的衝擊，原本土耳其的通膨率就不低，2021年2月，土耳其消費者物價指數（CPI）比同期大漲15.61％。為了抑制通膨，土耳其央行在3月18日宣布升息，利率上調到19％。這次升息力度遠超市場預期，土耳其總統罷免了央行行長。而最近兩年多來，土耳其總統已撤換了三任行長。

除了土耳其，我們看其他新興市場國家的通膨率資料。2月，巴西通膨率為 5.2%，俄羅斯通膨率為 5.7%，印度通膨率為 5.03%。

為了抑制通膨，巴西央行 2021 年 3 月開始升息，將利率上調到 2.75%。這是巴西央行自 2015 年 7 月以來首次升息。俄羅斯也在同時升息，將基準利率上調到 4.5%。這是俄羅斯自 2018 年底以來首次升息。

為什麼每次美元進入緊縮週期，新興市場國家都面臨通膨壓力？

很多人認為，這是輸入型通膨，但是這種理解並不完全準確。

輸入型通膨一般有兩個傳導途徑：

一是國外原材料價格大漲。比如 1973 年石油危機時期，美元下跌，石油大漲，美國和日本進口高價石油，推高了國內產品價格。這種屬於短期的成本推動型通膨，不是真正意義上的通膨。

二是貨幣傳導。若一國大規模出口創造外匯，外匯轉化為本國貨幣，導致貨幣超發，引發通膨。

那麼，美元預期進入緊縮週期時，是否會啟動或加速這兩種通膨傳導？

美元升值，大宗商品的價格會回落，不會引發第一種輸入

型通膨。美元升值，新興市場國家的貨幣貶值壓力增加，有助於刺激出口，外匯創造能力增強，這時可能出現一定規模的輸入型通膨。但是這種輸入型通膨不可持續，隨著大量美元採購本國商品，商品的價格或本幣的幣值會就上升，進而削弱創匯能力。

這時，真正發生通膨的新興市場國家，並不是創匯能力強的國家，而是經常赤字嚴重的國家。換言之，這些國家基本上沒有輸入型通膨。比如，土耳其2021年通膨大爆發，並不是因為里拉貶值刺激出口創造外匯，引發輸入型通膨。

那麼，通膨來自哪裡？

通膨來自貨幣信用資產危機。通膨的真實含義是貨幣貶值。貨幣貶值的根源有兩種：一是貨幣過度發行，地面上蓋得房子太高；二是貨幣信用資產危機，地下的基礎不牢固。

在大放水的寬鬆週期，貨幣超發往往引發通膨和資產價格泡沫。但是，當美元預期進入緊縮週期時，新興市場國家的通膨主要來自貨幣的信用資產危機。2021年土耳其央行將利率提高到19%，與2020年相比，流動性大大下降，但是通膨卻大幅飆升。放水減少，通膨不止，問題出在地基上，即里拉的資產信用遭遇危機。

土耳其借了很多外債，里拉的信用建立在沉重的外債之上。美元緊縮預期增加，市場利率上升，土耳其的外債負擔加重，市場擔心爆發債務危機，里拉迅速貶值。這就像一家公司

如果出現債務危機，其股票價格就會大幅度下挫。新興市場國家的通膨主要是貨幣的地基出了問題，越是外債負擔重的國家，貨幣信用越脆弱。每一輪美元升值，貨幣貶值最快、幅度最大的都是外債率高的國家，這些國家的通膨率也是上升最快的。

當然，國內負債率高、外匯存底不足的國家也同樣會遭遇貨幣資產信用危機。如果美元升值，這類新興市場國家的貨幣政策面臨兩難：如果緊縮貨幣跟隨升值，那麼國內負債率節節高升，可能爆發債務危機，同樣打擊貨幣信用，導致本國貨幣貶值，引發通膨；如果不跟隨美元升值，貨幣對外貶值，則引發資本外流，打擊國內經濟，國內資產面臨重新定價風險。

所以，美元升值擊穿了新興市場國家的貨幣信用，引發了貨幣危機，進而引發通貨膨脹，使新興市場國家經濟陷入高通膨、高失業與蕭條。這就是停滯性通膨式崩盤。

總體來說，貨幣信用越脆弱的新興市場國家，通膨壓力就越大，他們不得不提前做準備。土耳其、巴西、俄羅斯2021年已經升息，貨幣提前進入緊縮週期。多數新興市場國家則會採取跟隨策略，預計2022年至2023年都會跟隨聯準會進入升息趨勢，只是步驟與幅度因國而異。

土耳其崩了，新的一輪週期又開始了。

美元週期

斯里蘭卡為何「爆雷」？

俄烏衝突之下，全球第一個「爆雷」的國家已經出現。當地時間2022年4月1日，斯里蘭卡總統戈塔巴雅（Gotabaya Rajapaksa）宣布該國從4月2日起進入公共緊急狀態。

「除了雪，斯里蘭卡什麼都有」，這個被譽為「光明富庶的土地」的島國，如今正在經歷一場1948年獨立以來最嚴重的經濟危機：匯率崩盤、通膨居高不下、債務爆雷。早些時候，國際信用評級機構惠譽（Fitch Group）將該國的主權信用評級下調至「CC」級。斯里蘭卡經濟學家薩瓦南坦（Muttukrishna Sarvananthan）坦言：「理論上而言，斯里蘭卡已經破產。」

2019年恐怖攻擊後，斯里蘭卡經濟開始陷入困境，接著又遭遇COVID-19疫情重創。2022年，俄烏衝突引發的能源危機成為壓垮斯里蘭卡的最後一根稻草。當地沒有足夠的外匯進口昂貴的石油，生活燃料短缺，每天停電超過10小時，民眾只能搶購木材生火，被迫回到柴火時代。

糟糕的是，這場經濟危機正在引發人道主義危機。島上生活必需品嚴重不足，食品短缺，物價大漲。這個只有2,200萬人的國家，已經有超過50萬人陷入赤貧，面臨飢餓和營養不良的威脅。民眾對政府無力解決能源及物資短缺極為不滿，全國多地爆發了抗議活動，示威者要求總統及其親屬下臺。

經濟危機爆發，國家瀕臨破產，社會動盪蔓延，人道主義災難迫在眉睫，這顆「印度洋上的明珠」淪為「印度洋上的淚滴」。

2022年，全球貨幣進入緊縮時代，根據歷史經驗，一些國家可能遭遇債務（貨幣）危機，斯里蘭卡只是個開始。加上俄烏衝突引發的能源和糧食危機，正在威脅世界上最脆弱的國家和人群的生存，這將是一場嚴峻的全球人道主義災難。

本節以斯里蘭卡為案例解析國家主權債務危機的成因，同時關注那些遭遇COVID-19疫情、俄烏戰爭、全球能源及糧食危機衝擊的最脆弱的人們。

01 恐怖攻擊、新冠疫情、石油危機

斯里蘭卡，一個存在感非常低的國家。這個島國形似水滴，被稱作「印度洋上的淚滴」。斯里蘭卡命途多舛，曾經歷25年內戰，直到2009年猛虎組織（LTTE）被消滅，斯里蘭卡才恢復和平。

2008年金融危機重創當地經濟，不過內戰結束為這個國家創造了經濟重振的契機。斯里蘭卡政府實施自由化政策吸引外資，國際貨幣基金組織提供了26億美元貸款，其經濟成長從2011年開始連續多年在7%以上。不過，這個國家工業基礎較弱，經濟發展以農業、旅遊業和服裝紡織輕工業為主。當地盛

產茶葉，遠銷歐洲，紅茶產量世界第一。

這顆「印度洋上的明珠」在內戰結束後迎來了旅遊業黃金十年，旅遊成為島國最主要的外匯來源。2013年入境人數為127.5萬人次，同比成長26.7%，旅遊業收入17.15億美元，比同期成長65.2%。2017年入境人數成長到211.64萬人次，旅遊收入占GDP比重超過10%。斯里蘭卡成為了不少印度人、俄羅斯人、歐洲人的打卡勝地。這可能是斯里蘭卡最美好的十年，人均GDP上升到與烏克蘭相當，高於印度和越南，當地人不能算富有，但收入顯著地增加。

但是，這一切被2019年的連環恐怖攻擊打破。2019年4月21日，週日，上午8點45分，斯里蘭卡首都可倫坡聖安東尼教堂上的時鐘定格在這一刻。巨大的爆炸聲、教堂牆壁上殘留的血漬和街頭上驚恐的人群告訴人們，這裡正在爆發怵目驚心的慘劇。

人們還未反應過來，當地香格里拉飯店又發生了爆炸。緊接著，可倫坡肉桂大飯店、金斯伯里飯店、尼甘布市聖塞巴斯蒂安教堂、拜蒂克洛市聖塞巴斯蒂安教堂發生連環爆炸。這一天，斯里蘭卡3座教堂、4家飯店以及住宅先後九次遭遇炸彈襲擊，造成300多人死亡、500多人受傷。

當時很多人感到奇怪：為什麼襲擊斯里蘭卡？斯里蘭卡國防部稱，此次爆炸案是「對紐西基督城槍擊案的報復」。從紐西蘭轉向斯里蘭卡，恐怖攻擊明顯向「弱國」轉移，這是一種「以

弱制弱」報復行為。恐怖分子不敢襲擊歐美國家，將目標轉移到安全防護不足的亞洲、非洲或拉丁美洲國家，所以西方人聚集的飯店和教堂，而歐美人新的旅遊熱門目的地、防禦脆弱的斯里蘭卡就成為了這類恐攻的目標。在遇難者中，不少是來自澳洲、英國、日本、葡萄牙、美國、丹麥的國民。其中，丹麥首富、ASOS 的老闆安德斯・霍爾希・波維森（Anders Holch Povlsen）的三個孩子都在此事件中遇襲身亡。

這次恐怖攻擊成為了斯里蘭卡命運的轉捩點，它打擊了斯里蘭卡的經濟命脈。恐攻事件半年之後，旅遊業才開始復甦，俄羅斯人開始進入斯里蘭卡過冬。但緊接著，COVID-19 疫情全球大流行，斯里蘭卡旅遊業遭遇毀滅性打擊。

「從 2019 年 4 月的那場恐攻事件，旅遊業的收入就開始下降了。」斯里蘭卡中央銀行行長阿吉特・卡布拉爾（Ajith Cabraal）直言，「過去兩年間，我們沒能從旅遊業獲得如先前每年近 50 億美元的收入。」

COVID-19 疫情將脆弱的斯里蘭卡經濟推入深淵。斯里蘭卡央行資料顯示，2020 年該國經濟成長率為 -3.6％。作為一個物資貧乏的島國，大量的物資依賴於進口；而當地工業基礎薄弱，生活必需的能源、工業用品以及農業化肥都靠旅遊賺取外匯再進口。但是，COVID-19 疫情重創旅遊業，擊潰了斯里蘭卡幾乎唯一的創匯產業，旅遊業超過 20 萬人失業，一年失去近 50 億美元外匯。

美元週期

2021年下半年，歐美世界逐步取消旅遊禁令，斯里蘭卡旅遊業開始復甦。斯里蘭卡政府還將2022年定為「斯里蘭卡旅遊年」，目標是到2025年從旅遊業創造100億美元收入，以重建國家外匯存底和主權債務。

但是，該國糟糕的財政體系已等不及了。早在2021年8月31日，斯里蘭卡就由於當地的商業銀行耗光了進口所需的外匯，宣布因食品短缺而進入緊急狀態。截至2021年11月，斯里蘭卡的外匯存底僅剩15.8億美元。接下來8個月，還要歸還15億美元的外債。

這意味著斯里蘭卡已經陷入了經濟危機，外匯枯竭，貨幣貶值，物資緊缺，通膨高企，主權債務瀕臨違約。

2022年俄烏衝突爆發是壓垮斯里蘭卡經濟的最後一根稻草。這場衝突觸發了能源危機，石油和天然氣價格迅速上漲，斯里蘭卡用於進口能源的外匯預算消耗完畢，陷入缺油停電的原始狀態。全島加油站沒有了柴油，交通系統癱瘓，大量火電廠停工，而當地40%的電力來自水電站，60%的電力依賴於進口的煤炭和石油發電。實際上，3月底，3.7萬噸柴油已經運抵斯里蘭卡港口，但是壟斷能源進口的政府沒有能力付清5,200萬美元貨款。

物資短缺已經衝擊了斯里蘭卡的社會秩序，能源枯竭，交通癱瘓，停水停電，手機通訊隨時可能中斷。由於紙張原材料價格大漲，教育部門買不起進口紙張和印刷油墨，接近300萬

學生的期末考試被無限延期。

最糟糕是糧食和藥品緊缺引發的人道主義危機。斯里蘭卡沒有能力進口食品、藥品等生活必需品，物價大漲，商店門口大排長龍。3月通貨膨脹率達到18.7%，其中，食品通膨率甚至達到30.2%，真實通膨率更是遠高於官方統計的數字。目前，奶粉、麵包、稻米、蔬菜、糖等食品已實行定量配給，但依然得不到保障。一些醫院已經停止了手術，藥物告急，醫療系統基本崩潰，200多名醫生走上街頭抗議。

斯里蘭卡政府還對外稱，2022年3月的稻米收成將大幅下降。

很多人覺得奇怪，處於熱帶的斯里蘭卡糧食產量應該很充足。但是，俄烏衝突爆發後，能源價格大漲推動鉀肥等化肥價格上漲，斯里蘭卡沒有能力進口化肥，進而導致糧食減產。

02 政府舉債、央行降息、進口管制

這場災難不僅是「天災」，還是「人禍」，斯里蘭卡政府的一系列行為更是將這個國家推向了深淵。

2019年戈塔巴雅擔任斯里蘭卡總統後改變了之前國際貨幣基金組織提供的貨幣政策和財政政策，轉而降息，增加貨幣供應量。為什麼要這麼做？其實，這種做法的目的與土耳其艾爾多安總統的是沒有區別的，他們都試圖透過印鈔來刺激出口獲

美元週期

取美元。

當年的恐怖攻擊事件打擊了斯里蘭卡的經濟和財政收入。斯里蘭卡政府降低利率刺激經濟成長，目的是應對即將到期的政府債務。一方面，降息印鈔可以稀釋內債；另一方面，還可以刺激出口賺取更多的外匯來償還外債。試圖用降息操作來緩解恐攻危機，這不能說有多大的問題。

但是，COVID-19疫情來襲，斯里蘭卡政府加大了印鈔規模。從2019年12月到2021年8月，斯里蘭卡的貨幣供應量增加了2.8兆盧比，增幅高達42%，人均印鈔13萬盧比。受低利率和貨幣貶值刺激，第四季度斯里蘭卡茶葉、服裝等出口貿易大增。但是，大規模印鈔也擊潰了斯里蘭卡的經濟體系，主要問題是通膨居高不下、匯率大跌、外匯告急，外債償付危機一觸即發。

斯里蘭卡大規模印鈔導致貨幣貶值，通膨爆發，這洗劫了普通家庭的購買力，一些人陷入了貧困和糧食危機。同時，大規模印鈔還擊潰了匯率市場。僅2022年3月，斯里蘭卡盧比就對美元大跌31%，如今1美元可兌換302斯里蘭卡盧比。黑市上，斯里蘭卡盧比對外貶值更多。

外匯市場崩潰帶來了嚴重的後果，最直接的後果是外債負擔加重和進口成本大增。雖然貨幣貶值政策刺激了出口、增加了外匯收入，但是斯里蘭卡需要大量進口能源和商品，斯里蘭卡盧比兌美元貶值，意味著削弱了斯里蘭卡居民的進口購買

力,當地人能夠進口的生活必需品更少更貴;還意味著償還外債的成本增加,面臨債務違約風險。

斯里蘭卡政府另一項被人詬病的行為是實施進口禁令。2020年3月,斯里蘭卡實施了一項範圍廣泛的進口禁令,包括部分食品、藥品和汽車在內的大量商品被禁止進口。進口禁令加劇了國內商品緊缺,進一步推高了物價。另外,斯里蘭卡以「走向自然」為名強推所謂的農業「綠色革命」,目的是禁止化肥和殺蟲劑進口。斯里蘭卡當地基本上不產化肥,化肥和殺蟲劑高度依賴進口,這項進口禁令直接導致糧食產量銳減。2021年10月,糧食產量下降引發糧食危機,斯里蘭卡政府才放鬆化肥禁令。但是,因這時貨幣貶值和化肥漲價,當地農民已沒有能力進口化肥了。

很多人會感到奇怪:斯里蘭卡政府為何出此下策?斯里蘭卡政府這麼做的目的是節省外匯,禁止民眾進口,把外匯省下來進口能源和償還外債。但是,此舉加劇了國內經濟災難。

除了降息和大量印鈔及出口禁令外,斯里蘭卡政府還存在一個長期問題,那就是債務率居高不下。

斯里蘭卡外貿和財政常年雙赤字。即便是經濟最好的十年,斯里蘭卡貿易也是長期赤字。從2008年到2017年,只有2014年貿易差額為正(82億美元),其他年分都是赤字,累計赤字規模接近500億美元。斯里蘭卡政府還是赤字政府,以經濟和財政狀況最好的2017年為例,斯里蘭卡財政收入為120.13億美

元，財政支出為 168.77 億美元，財政赤字 48.64 億美元。

那麼，斯里蘭卡靠什麼支撐雙赤字？借外債。簡言之，「以債還債」。

斯里蘭卡央行資料顯示，自 2009 年至 2017 年，斯里蘭卡的外債總額從 209.13 億美元成長到 518.24 億美元，不到 10 年外債規模翻了一倍多，年均成長率高達 12%。我們可以透過債務率、外債率和償債率三個指標來看斯里蘭卡的債務情況。

債務率，即債務餘額占商品和勞務出口收入的比例，國際警戒線為 100%；斯里蘭卡自 2009 年以來一直高於 210%，2015 年後超過 260%。外債率，即外債餘額占國內生產總值（GDP）的比例，國際安全線為 25%；斯里蘭卡自 2009 年以來一直高於 50%，遠高於新興市場國家 26% 的平均水準。償債率，即外債還本付息額占商品和勞務出口收入的比例，一般認為超過 20% 意味著將發生債務危機；斯里蘭卡自 2013 年開始就超過了 20%，2015 年甚至達到 27%。

再看具體的官方外匯存底。2009 年至 2017 年，斯里蘭卡的官方外匯存底均在 80 億美元以下。外匯存底水準最高的 2017 年，能夠償還的外債份額也只有 15%。過去兩年斯里蘭卡外匯存底下降了 70%，2022 年 2 月經過貨幣互換後也僅有 23 億美元，同年需要支付的外債達到 70 億美元。同時，黃金儲備已經枯竭，僅剩 1.754 億美元的黃金。如果沒有國際援助，斯里蘭卡主權債務違約近在眼前。

斯里蘭卡為何「爆雷」？

2022 年 3 月，聯準會開始升息，全球進入緊縮時代，斯里蘭卡盧比預期還將對美元貶值，主權外債償還更是不堪重負。7 月 6 日，斯里蘭卡總理向議會宣布「國家已經破產」。

斯里蘭卡的債務問題存在兩個致命因素：一是戰爭舉債；二是財政紀律問題。

在內戰 25 年間，斯里蘭卡政府的軍費開支持續增加，政府依靠大規模借債來維持非生產性消耗。1978 年，斯里蘭卡外債總額為 11.36 億美元，占當年 GDP 的 40%；到 1989 年，斯里蘭卡外債占 GDP 的比重一路攀升至 73.6%。

2009 年內戰結束後，斯里蘭卡政府試圖重振經濟，提出「馬欣達願景」：「將斯里蘭卡轉變為富有環球策略意義的經濟中心。」馬辛達・拉賈帕克薩（Mahinda Samarasinghe）政府預計重建被內戰破壞的基礎設施，大力投資港口、機場、公路、電力、電信通訊和供水灌溉。這無可厚非，但是政府財政失控了。長期內戰導致斯里蘭卡外資流失，基礎設施投資基本依賴於政府借外債。同時，斯里蘭卡財政紀律不嚴謹，導致借債規模遠遠超過其償債能力。

當面臨債務償付壓力時，政府往往會採取降息操作，試圖透過貨幣貶值來賺取更多外匯，但是結果往往事與願違。斯里蘭卡央行行長卡布拉爾辯稱：「受疫情影響，大約 120 個國家的貨幣供應量出現了類似的成長。」但是，如果一國的貨幣供應量比大多數國家都大，而經濟實力和償債能力又羸弱，那麼這無

美元週期

疑是自殺式行為。

在新興市場國家的爆雷史上,存在這樣一條經驗:貨幣和債務失控的國家最容易在緊縮週期中爆發危機,而且是貨幣危機與債務危機同時爆發。

事實上,在寬鬆週期時,新興市場國家的貨幣失控是常見的。從 2009 年 12 月到 2021 年 12 月的 M2 數據資料:中國增加了 3.9 倍,土耳其增加了 10 倍,美國增加了 2.5 倍,日本只增加了 1.5 倍。

為什麼聯準會大放水但美國的貨幣總量增加反而不大?貨幣總量主要是商業銀行創造的,而美國的商業銀行是私人銀行,利率市場是自由市場,自由價格可以抑制商業銀行的信貸失控,從而降低貨幣供應量。但是,很多新興市場國家不具備這樣的市場條件。

所以,一旦貨幣發行失控,在全球進入緊縮週期時,本國匯率下跌,償還外債的成本大幅度增加,最終就會導致匯率崩潰和債務爆雷同時發生。1982 年的拉美主權債務危機、1998 年俄羅斯主權債務危機都屬於這種情況。而如今,斯里蘭卡也面臨這種災難。

很多人將新興市場國家的債務爆雷歸咎於聯準會、金融開放與商業銀行。其實,關鍵還是看新興市場國家自身。作為島國,如新加坡,本土資源匱乏,大量資源和商品依賴於進口,開放與融入國際市場幾乎是唯一的發展道路。進口是一種交

換，表面上依賴於美元外匯，實質上依賴的是本國商品的國際競爭力。我們可以看一個現實案例。前些年斯里蘭卡政府進口伊朗石油欠下 2.51 億美元債務，但如今沒有美元償還。怎麼辦？斯里蘭卡政府希望每月向伊朗提供價值 500 萬美元的錫蘭紅茶來抵債。這是一種以物易物的設計，拿掉了美元因素。這筆交易能否成功取決於伊朗是否願意接收錫蘭紅茶。

在國際市場上，資源稟賦的比較優勢是有限的，具備持久競爭力的優勢是內在比較優勢，即知識、制度和技術創新。除了旅遊業外，斯里蘭卡在國際市場上能夠賣得出去的商品確實不多。但是，一國商品的國際競爭力，最大的制約因素往往是其制度及政策限制打擊了民眾自由地發揮其才能。

03 債務重組、國家重整、人道救援

總體來說，斯里蘭卡的外債規模不大，即便違約對他國的影響也有限。國際社會更加關注的是人道主義危機。

斯里蘭卡前央行副行長維傑瓦德納（W.A. Wijewardena）警告說：「當經濟危機加深到無可救藥的地步時，國家也不可避免地會出現金融危機。兩者都會導致糧食產量降低，以及因外匯短缺無法進口，從而使糧食安全受到威脅。到那時，這將是一場人道主義危機。」

一些經濟學家建議，債權國與斯里蘭卡政府盡快啟動債務

美元週期

重組計畫，暫停還債，將節省下來的外匯用於進口民眾急需的食品、藥品和燃料。斯里蘭卡經濟學家德梅博士告訴路透社：「斯里蘭卡正在不合理地承諾償還債務。更謹慎的做法是暫停償還債務並滿足關鍵的經濟需求。」

目前，國際金融市場的投資者、亞洲開發銀行、日本、中國、國際貨幣基金組織和印度是斯里蘭卡政府的主要債權方。2022年1月，斯里蘭卡向中國提出重組貸款。中國央行已與斯里蘭卡政府簽署15億美元的貨幣互換協議。貨幣互換協議可以理解為各國央行之間的拆借，即當本國央行遇到外匯短缺問題時向協議國拆借一些外匯。按照貨幣互換協議，斯里蘭卡的外匯存底理論上可以增加到31億美元。另外，印度也向斯里蘭卡提供了9.12億美元的貸款以及另外15億美元的兩項信貸額度。

不過，斯里蘭卡債臺高築，除了債務重組，還必須額外注入資金，也就是國際援助。斯里蘭卡經濟學家認為，國際貨幣基金組織（IMF）的救援是本國擺脫債務困境的最佳選擇。他們已經起草了救助計畫並獲得了IMF批准，後者大約可提供20億特別提款權（28億美元）。通常，新興市場國家遭遇經濟危機時，國際貨幣基金組織是主要的國際救援機構，它不僅可以提供貸款，還可以提振債權人與投資者的信心。

此前，斯里蘭卡總統拉賈帕克薩明確反對國際貨幣基金組織的介入，稱其侵犯了斯里蘭卡的主權。不過，如今總統又任命了一個由財政專家組成的小組，嘗試與國際貨幣基金組織溝

通尋求解決債務危機的方案。

這是國際貨幣基金組織在國際救援時經常會遇到的挑戰。在債務救助或債務重組時，債權方擔心債務方再次違約，一般會提出一些要求，比如財務公開、增收減支。不管是對大型地產商還是對一國政府，債權方一般會提出約束條款以降低風險。國際貨幣基金組織則是僱傭一批專業經濟學家，給救助國提供財政和貨幣制度或政策方面的綜合方案。債務國之所以會陷入破產境地，通常是其財政、貨幣及銀行制度有缺陷，但是這些問題又涉及國家主權，利益相關方容易以國家主權為由拒絕之。

最典型的案例是1997年亞洲金融危機時，國際貨幣基金組織對韓國進行救援。這場危機衝擊了韓國脆弱的銀行風控，貨幣大幅貶值，資金外流，外匯儲備急遽減少。韓國政府向國際貨幣基金組織求救，後者施救的條件之一是改革韓國銀行體系。原先，韓國銀行長期被財閥控制，淪為財閥的提款機，銀行風控薄弱，金融危機來襲，大量信貸違約。

國際貨幣基金組織試圖切斷財閥與商業銀行的利益鏈以降低貨幣崩潰與債務違約的風險。韓國財閥極力反對，以國家主權為由掀起民族主義浪潮。所幸，當時的韓國總統為民選總統，果斷地接受了國際貨幣基金組織的救援，成功度過危機的同時還削弱了財閥對銀行的掌控。

所以，債務重組或國際救援都面臨一個更為深層次的問題，

那就是國家重整。戈塔巴雅·拉賈帕克薩總統及其拉賈帕克薩家族的經濟治理能力確實令債權人感到擔憂[13]，擔心斯里蘭卡淪為債務黑洞。國內民眾也對拉賈帕克薩家族失去了信心，一些示威者要求戈塔巴雅和他的家人下臺。拉賈帕克薩家族正在失去執政聯盟和內閣成員的信任。斯里蘭卡議會在總統宣布全國緊急狀態令後召開了首次會議，至少 42 名執政聯盟議員離席，這導致執政聯盟失去了三分之二的席位。在 4 月 3 日深夜，拉賈帕克薩內閣中的 26 位部長提交了辭呈。總統任命了四名新部長，但財長僅上任一天就不做了，央行行長也提出辭職。這只是斯里蘭卡問題的冰山一角。

如今，斯里蘭卡成為了失敗的國家治理的典型代表。但是，斯里蘭卡（錫蘭）在 1948 年獨立後，曾被世人看好。人們將第一個「東方之珠」的美譽給予了斯里蘭卡，在香港之前。李光耀在回憶錄裡也替斯里蘭卡感到惋惜：「然而天啊，結果卻事與願違。我在歷年的訪問中，看著一個原本前途無量的國家逐漸走向沒落」，「（這個國家已）成了糾紛、悲痛、哀傷和絕望的代名詞，真是可悲」。[14]1970 年代末，總統賈亞瓦德納（J. R. Jayewardene）試圖將斯里蘭卡打造成小新加坡，但是，他的構想因之後的 25 年的內戰化為泡影。內戰的主要原因是占全國人

---

[13] 拉賈帕克薩家族支配斯里蘭卡政治已有數十年之久，斯里蘭卡現任總統戈塔巴雅、前總理馬欣達（Mahinda Rajapaksa）、前財政部長巴西爾（BasilRajapaksa）、前議長查馬爾（Chamal Rajapaksa）等人，彼此之間均為兄弟關係。

[14] 李光耀。李光耀回憶錄 [M]。南京：譯林出版社，2013。

口74%的信仰佛教的僧伽羅族與占18%的信仰印度教的坦米爾族之間有著利益衝突。

2000年開始，斯里蘭卡進入拉賈帕克薩家族統治時代。2005年馬欣達·拉賈帕克薩擔任總統，任命其兄弟戈塔巴雅·拉賈帕克薩為國防軍常務祕書，統領三軍，最終贏得了內戰。內戰結束後的2010年，斯里蘭卡議會通過了憲法第18條修正案，取消對總統任期的限制，總統由民眾直接選舉產生，集國家元首、政府首腦、武裝部隊總司令於一身，而且不對議會負責。2019年戈塔巴雅擔任總統，之前的總統馬欣達轉任總理，同時任命其長兄查馬爾（Chamal Rajapaksa）擔任農業部長，最小的哥哥巴西爾（Basil Rajapaksa）擔任財政部長，姪子納馬爾（Namal Rajapaksa）擔任體育部長。

這樣，斯里蘭卡政府徹底變成了拉賈帕克薩家族政府。如今，示威群眾將矛頭指向拉賈帕克薩家族，但戈塔巴雅總統表示不會辭職。

很多新興市場國家面臨的陷阱本質上都是制度陷阱，外資、外債和技術的引入相對容易，但制度轉型改革是艱難且伴隨著雜音的。如斯里蘭卡般的政府容易濫發貨幣洗劫民眾財富，實施進口禁令，與民眾爭奪外匯，同時財政紀律鬆弛，債務失控，將國家帶入主權信用破產和人道主義危機的深淵。

本命途多舛，又時運不濟。2022年俄烏衝突引發的全球能源危機和糧食危機，再次衝擊了這個脆弱的國家和最底層的民

眾。這將是一場人道主義災難,糟糕的是這只是開始。在當今所謂的宏大敘事背景下,希望更多人關注到那些沒錢購買糧食的挨餓族群,以及一些本不該挨餓但仍挨餓的族群。

參考文獻

(1) 關珺冉。斯里蘭卡瀕臨破產?[J]。鳳凰週刊,2022(14)。

(2) 斯里蘭卡央行年度報告系列[R]。Annual Report, Central Bank of Sri Lanka,斯里蘭卡央行官網(www.cbsl.gov.lk)。

(3) 寧勝男。斯里蘭卡外債問題現狀、實質與影響[J]。China International Studies, 2019,74(1):5+140-1663。

(4) 李光耀。李光耀回憶錄[M]。南京:譯林出版社,2013。

美國會爆發債務危機嗎?

COVID-19 疫情暴發後,全球主要國家大規模擴張債務,債務失控風險進一步加大。截止到 2020 年 11 月,美國債務規模達到 27.44 兆美元,相較 2019 年底增加了 3.4 兆美元。2021 年 8 月,美國聯邦債務突破了 28.4 兆美元,即國會設定的債務上限。

在債務上限博弈之際,美國龐大的債務規模引發市場的擔憂。2021 年 10 月 18 日,美國財政部長葉倫表示,儘管近期臨

時調高了債務上限,但是這一法案只能讓美國聯邦政府財政支撐到 12 月 3 日,倘若當時仍然沒有解決問題,財政部資金枯竭,則可能出現技術性違約[15]。當然,很多人對美債仍舊保持信心,不少大型金融機構都持有大規模美債。

美債會爆發技術性違約嗎?全球債務失控的原因是什麼?這種債務模式能否延續?

本節以債務上限為主線,探索美國主權債務的累積過程、政治博弈以及根本成因。

01 赤字貨幣化

論起源,美國國債可追溯到獨立戰爭時期大陸會議(Continental Congress)發行的戰爭債券。在第一任財長漢彌爾頓(Alexander Hamilton)的主導下,聯邦政府在極度困難的情況下支付了大量債券,從地方州政府手中收回了一部分徵稅權和貨幣發行權,建構起美國國債的信用大廈。西元 1791 年,合眾國第一銀行成立,私人資本大量搶購國債來入股銀行,聯邦政府從中獲得了 600 萬美元的融資。從此,美國開啟了債務經濟的傳統。

總體來看,19 至 20 世紀美國聯邦政府債務規模的變化呈現正弦函數曲線的形式,在一個時間點債務規模達到高峰,隨後

---

[15] 技術性違約指美國延緩支付到期債務利息。在美國的債務達到法律規定的上限時,如果國會不提高舉債上限,到還債日美國政府將無法繼續借錢,進而無法償付到期的國債本金和利息。

則慢慢回落。

但到了 21 世紀，美債規模與美債上限猶如持續向上的天梯，絲毫未有回落跡象。

19 世紀至 20 世紀期間，引發政府債務擴張達到高峰的原因可以總結為戰爭、經濟衰退。以戰爭為例，西元 1812 年對英戰爭、西元 1846 年對墨西哥戰爭、西元 1861 年南北戰爭，政府債務分別達到三個高峰點。

戰爭結束後，財政恢復盈餘，債務規模縮減。

第一次世界大戰期間，美國政府再次大幅借債，債務規模達到歷史新高。此前大多數情況下，聯邦政府發行各類國債都需要國會的審批，但 1917 年《第二次自由債券法案》(Second Liberty Bond Act) 的發表給了聯邦政府一定的自由權，國會為各類債券設定一個「天花板」額度後，聯邦政府可以在該範圍內自由借貸，無須再經國會審批，財政部還可自行決定利率水準、債券期限，這就是我們如今所稱的美國債務上限。這一法案的初衷是以「上限」來約束政府舉債的規模，但如今早已偏離目標。

聯邦政府拿到「債務總額上限」的主動權是在 1939 年。當時，「二戰」爆發，羅斯福總統和時任財政部長漢斯·摩根索 (Hans Morgenthau) 積極推動參眾兩院通過一項提案，即取消對債券和其他類型債務的單獨限制，首次批准一個幾乎涵蓋所有公共債務總額度，當時規定的上限總額為 450 億美元，聯邦政

府可在「債務上限」之內自由融資。

「二戰」後，美國經濟迎來了起飛的黃金年代。從 1945 年到 1980 年代，聯邦債務雖不斷增加，但聯邦債務占 GDP 的比重這一數值卻持續下滑，一定程度上說明，此時的債務擴張邊界尚且安全。1960 年，聯邦債務占 GDP 的比重開始小於 50%，且在整個 1970 年代穩定處於 35% 上下。

不過，1980 年代這一比重開始上升，並於 1995 年達到頂點。在雷根政府執政下，頭幾年美國經濟深陷停滯性通膨的痛苦中，政府收入乏力。雷根信奉供給面學派，試圖推行減稅，但是卻未能削減開支，財政失衡嚴重。除了減稅，在美蘇軍備競賽的背景下，政府大筆軍費支出也造成了嚴重的政府赤字。

因此，儘管在聯準會主席沃克嚴把貨幣閘門的政策下，美國走出停滯性通膨，但是政府財政赤字擴張的腳步並未停下，一路狂奔到 1992 財年的 2,900 億美元，債務額度也從 1980 年的 9,000 億美元飛奔到 1988 年的 2.6 兆美元。這時，布列敦森林體系解體，美元不再受黃金約束，具備了財政赤字貨幣化的條件——聯準會為聯邦政府融資。

不過，赤字狀況從 1992 年柯林頓上臺執政起得到改善，以提高稅收、減少行政和公共福利開支等方式，聯邦政府財政出現了盈餘。隨著經濟增速的提高，債務占 GDP 的比例略微下滑並保持穩定。

2000 年後，畫風卻突然變了。美國聯邦債務失衡進入了新

美元週期

層面,更成為了全球金融市場關注的焦點。這主要有兩個原因:一是美國債務上限被突破的速度越來越快,規模越來越大;二是布列敦森林解體後,美債的全球資產定價之錨的地位越來越突出,財政赤字貨幣化的傾向越來越嚴重。

從小布希執政,美國政府赤字也開始加速成長。小布希不僅大幅減稅,同時發動反恐戰爭,債務規模迅速擴大。

而聯邦債務真正失控是在2008年金融危機後。為了應對金融危機,歐巴馬(Barack Obama)政府執政初期就為刺激經濟而產生大規模赤字。同時,聯準會為歐巴馬提供了巨大的融資便利,從2007年底到2008年9月雷曼兄弟倒閉,連續7次降息;2008年12月底,聯邦資金利率被調至最低水準,從此步入零利率時代;更重要的是,聯準會在量化寬鬆中大規模購入國債,直接幫助歐巴馬政府融資。這時,財政赤字貨幣化已經完全失控。

國會也發表了一系列經濟復甦法案,大規模提高了債務上限。2008年《住房和經濟復甦法案》、《緊急經濟穩定法案》和2009年《美國復甦和再投資法案》連續提高債務上限,債務限額在不到一年的時間內三次上升,最後達到12兆美元。

但是,連續提高債務上限的做法依然無法滿足歐巴馬政府的「胃口」,政府很快又陷入了無錢可花、無錢可還的危機。當債務上限接近觸頂之後,聯邦財政部短期內採取一些非常規措施暫時緩解流動性不足,譬如暫停發行州和地方政府系列國

債、暫停政府對公務員退休和福利等基金的投資，以獲得多餘的債務上限空間。當這些非常規措施效果將耗盡而政府依然無法發行新債獲取融資時，就會面臨最危險的局面：美債無法兌付，市場對美國政府的支付能力產生懷疑，進而產生信用危機。在 2009 年和 2013 年均出現政府技術性違約的風險。

2013 年 2 月 4 日，歐巴馬簽署了「No Budget, No Pay」法案。

該法案允許美國政府設定一個暫停期，期間允許財政部不受債務上限控制無限發債；而暫停期結束後，債務上限重置為原有債務上限與暫停期內新增債務額之和。這一法案相當於給債務上限開了一個後門，政府花完錢了還可以繼續借錢，避免出現技術性違約從而威脅到金融安全和國家信用。

此時，暫停債務上限又成了政府擴張債務的主要通道。從 2013 年 5 月到 2021 年，美國政府連續六次採用這種方式提高債務上限，債務占 GDP 的比重自 2011 年首次超過了 100% 後一路飆升，美國的債務上限、債務總量進入了真正的失控階段。從 2012 財年到 2016 財年，美國債務平均每年成長 9,470 億美元。在 2018 財年、2019 財年，平均每年增加 1.23 兆美元，2019 財年美國債務規模達到 22.7 兆美元。疫情發生後，川普政府按下了漫長的債務上限「暫停鍵」，聯準會開啟無底線寬鬆政策，美國債務成長速度更為可怕，到 2020 年 11 月，美國債務規模達到 27.44 兆美元。

不過，迄今為止，美債其實沒有發生過實質上的違約事件。

在程序上,這與兩黨博弈的底線有關;但實際上,美債仍然為國際市場所信任。

布列敦森林體系解體後,美元價值跌落谷底。經歷了震盪期之後,美元找到了美債這一資產的錨。當前,美元作為全球結算貨幣,大量的外國投資者和外國政府都有購買美債的需求,投資者們也找不到更好的投資品代替美債。但是,反過來,美元在全球貨幣的領導地位和巨大出口,也導致了美債的擴張。美債隨之成為了全球資產定價之錨,10 年期美債收益率隨之成為全球資產定價的基準。

也因此,美債收益率的波動,將引發全球金融市場的波動。若關注美債、美元及金融市場的風險,10 年期美債收益率是真正的晴雨表。

02 膽小鬼遊戲

多年來,美債上限往往伴隨著兩黨博弈,市場當下的波動也來源於國會對上限及財政預算的否決、延長或通過。有意思的是,按照歷史經驗,債務上限決議伴隨著兩黨激烈而頑固的鬥爭,但總是會在最終一刻完成「驚險一跳」。

當前美國債務上限的設定需要追溯到川普執政期間。2019 年 8 月,川普總統通過了《2019 年兩黨預演算法案》,允許暫停債務上限 2 年,到期日為 2021 年 7 月 31 日。2021 年 8 月 1 日,

債務上限開啟生效，此時美國債務規模達到28.4兆美元，這一「緊箍咒」又被戴到了民主黨的頭上。

民主黨的第一反應是繼續暫停債務。9月21日，眾議院以220：211的投票結果通過了一項立法，即暫停聯邦政府債務上限期限直至2022年12月。所有的民主黨人都投了贊同票，所有的共和黨人都投了反對票。

但是，這一議案在參議院遭到了必然的阻攔。參議院議員可以發起冗長辯論，倘若民主黨想要使提案通過，則需要在參議院拿到60張贊同票，這意味著民主黨還需要再說服10位共和黨人。對此，參議院共和黨領袖麥康諾（Mitch McConnell）很早就有過表態：債務上限是民主黨的責任，共和黨不會幫助民主黨。而在此之前，共和黨對民主黨的減稅和大規模基建方案就已經表達了強烈不滿。

債務上限日益成為兩黨複雜博弈的交鋒點，並且更像是一種雙方盡可能推脫的「政治責任」。民主黨想盡辦法讓共和黨也投贊成票，而共和黨則堅決不為所動，這是雙方陷入僵局的原因。

其實，兩黨博弈存在一條心知肚明的底線，那就是杜絕美債違約，畢竟這是更大的「事故」。可是在債務違約期限來臨前，誰也不會退讓一步。這導致債務上限往往只能拖到臨期才被解決。過去幾年裡，每一次債務上限額度提案的達成無一不是如此。

美元週期

　　當前，民主黨和共和黨就債務上限博弈有一定的默契：民主黨最初希望在 10 月將大規模支出的社會法案、新財年的預算與債務上限提高（暫停）法案捆綁通過。簡單來說，拜登政府要發給國民 3.5 兆美元，國會沒有理由反對提高債務上限。但是，共和黨的策略是，反對拜登政府將債務上限問題與支出法案捆綁。

　　拜登在美軍從阿富汗撤軍後國內支持率暴跌，面對明年就要來臨的國會中期選舉，民主黨更為小心謹慎。拜登政府也清楚，捆綁策略在短期內難以奏效，而債務上限問題又迫在眉睫。怎麼辦？

　　兩黨再怎麼鬥，他們都很清楚，當下美國經濟正在弱復甦，通膨居高不下，就業不振，資產泡沫面臨巨大風險，金融市場經不起任何債務風波。於是，民主黨和共和黨達成共識：將債務上限提升（暫停）法案剝離出來，通過一項權宜性支出法案來替代。

　　近期，國會通過了這項臨時撥款方案。這項臨時性撥款為聯邦政府爭取到了 4,800 億美元的舒緩空間，避免了技術性違約。當然，這 4,800 億美元也會計算在債務上限中，債務上限也從 28.4 兆美元暫時變為 28.9 兆美元。這樣，債務上限問題被推遲到了 2022 年 12 月再議。

　　參議院共和黨領導人麥康諾表示，此次合作後，將不再為民主黨人暫停債務上限提供任何幫助。「如果他們（民主黨人）

現在在沒有我們支持的情況下增稅、借錢，並花費歷史性的鉅額資金，他們就得在沒有我們幫助的情況下提高債務限額……這就是現實。」[16]

到 12 月，債務上限問題是否會觸發技術性違約？

屆時，如果共和黨人不支持，民主黨人提高債務上限的法案就只剩下了預算和解程序。預算和解是一個可選的加速立法程序，規定參議院在 20 小時之內完成討論付諸表決，避免了冗長辯論的阻撓，而且只需以簡單多數投票通過即可。根據《預算法》規定，委員會每財年可以分別就「直接支出、收入和債務限額」三類發起一次變更，以實現赤字減少。

這就是一種倉促過會的威逼策略。但是，這樣操作，民主黨也會背負巨大壓力——因為如此民主黨會獨自包攬下「擴張債務」的包袱，這對明年國會中期選舉非常不利。更何況，這一程序的啟動緩慢且複雜，而黨內仍存在分歧。預算和解程序需要在參議院獲得 51 票才能通過，目前民主黨在參議院的席位是 50 個，加上副總統關鍵一票，正好是 51 票。但是，這需要確保民主黨內絕對團結一致，而目前的民主黨內還不夠團結，比如之前拜登政府試圖將 3.5 兆美元社會支出法案、增加稅收、暫停債務上限都打包在同一個法案內發起審批，黨內激進派和保守派就對這一法案存有爭議。所以，萬不得已，民主黨不願意發

---

[16] 崔璞玉。美國兆美元基建能否落地？政府會否停擺？拜登迎來關鍵時刻 [EB/OL]。界面新聞，2021-09-28。

美元週期

起預算和解程序。

雖然過程經歷諸多波折，但總結歷史經驗，關於美債上限危機的結局其實不太可能發生意外。在兩黨激烈和頑固的鬥爭中，美債上限問題終會「驚險一跳」，得到妥善解決。

只是我們需要關注的是當前全球金融市場的脆弱性，漫長博弈和反覆的政治策略下消耗的市場信心難以量化，不確定性會更加強烈。

歷史上，債務上限的博弈曾經動搖過市場信心。2011年1月，美國財政部表示，美國債務規模近期將達到法定上限。但是，兩黨對提高上限額度長期僵持不下；同年5月16日，債務達到上限14.29兆美元，財政部開始採取非常規措施延緩帳戶枯竭；7月31日，兩黨經歷了多次調整併否定提案後，在最後期限前達成共識。但是，這種僵持不下的談判過程仍然引發了市場的波動，一些投資者對美國政府信用產生懷疑。8月5日，標普首次下調了美國政府主權的信用評級。2013年美國債務上限危機期間，惠譽在2013年10月將美國長期主權信用評級展望由「中性」下調為「負面」。

隨著期限來臨，債市、股市都出現波動。2021年9月，美國國債收益率突破了2020年以來的紀錄。如今，債市、股市和期貨市場泡沫嚴重，煎熬的博弈，或者更為嚴重的短期技術性違約，都可能會衝擊金融市場。但短期內，美國不會爆發實質性的主權債務危機。

03 軟預算約束

當前，市場上有一個有意思的爭論：提高債務上限到底是降低債務風險，還是觸發債務風險？

多年來，美國財政部長總是喊著調高債務上限，甚至要取消債務上限。葉倫發出警告：「美國經濟學家和財政部的壓倒性共識是，如果不調高債務上限，將導致廣泛的經濟災難。」理由是，美債仍是全球最重要資產錨定、流通性極好的金融資產，但是政府發債卻受到了債務上限的限制，人為地製造技術性違約。換言之，美國政府不是真借不到錢，也不是真還不起錢，而是債務上限法令捆住了政府的手腳。這可不可以理解為人為干預政府融資引發債務危機？

但是，事實可能又是相反的。取消或提高債務上限，短期內可以避免債務技術性違約，但是長期來說，債務危機將是必然結果。

葉倫的邏輯是將政府視為市場主體，政府像企業一樣，在債務市場上受到自由競爭的剛性約束。但是，政府不是市場主體，政府財政是公共財，不是私人用品，它不受市場的硬約束，而是受到軟約束。恰恰是軟預算約束導致了不少國家的債務失控。

這正是雅諾什·科爾奈（Janos Kornai）提出的彈性預算約束理論。就在 2021 年 10 月 18 日，這位經濟學大師不幸離世。科爾奈生前對社會主義市場經濟、經濟轉軌國家的理論研究成果

卓越，他還親自策劃和參與了匈牙利社會主義改革，在經濟學界影響深遠。

科爾奈最早在1979年提出了軟預算約束的概念。他解釋：「社會主義制度下的國有企業倘若支出超出收入，還用光了所有的經濟來源，並不會破產；上級主管部門會向企業伸出援手，幫助擺脫困境。在這種情況下，預算約束就很軟。」打個比方，家長給孩子每個月的生活費限定在 2,000 元，但是孩子花完錢又可以向家長要錢。

這就是預算約束軟化。

軟預算約束會造成嚴重的後果，包括資金使用低效、資源浪費、投資過度和債臺高築。科爾奈將軟預算約束視為社會主義制度功能市場的典型特徵：軟預算約束使得企業免受懲罰，並容忍企業的低效率，一定程度造成了社會主義制度中的投資計畫盲目擴張。

後來，一些學者將軟預算約束的概念從東歐擴展到全球各國政府的財政領域，分析債務危機、道德風險、「搭便車」動機等。譬如，政府對危機之中的金融機構發起拯救，這也是一種典型的軟預算約束現象。

其實，各國政府財政預算基本都存在軟約束的問題，美國債務上限就是典型的案例。債務上限的初衷是約束政府債務擴張，但是並不是硬約束。2013年歐巴馬政府還為債務上限增加了一個暫停鍵，按下暫停鍵後，政府可以繼續借錢。所以，「債

務上限」這一規定沒有法理上的強制約束力，也沒有自由市場的硬約束。當期限來臨，政府真正面臨違約風險時，兩黨自然會收起爪牙，國會通過法案，幫助政府免受違約懲罰。

有人提出，美國政府是在債市上融資，受到自由市場的硬約束。

如果美債崩盤，美國則無法在市場上進行債務融資。事實上，現在美債在市場上依然很吃香。2021 年 8 月，日本再次買入美債 96 億美元，最終持倉規模達到 13,198 億美元；英國買入美債 205 億美元，持倉規模達到 5,690 億美元。這是否說明美國的軟預算約束是一個偽命題？

其實不然。美債最大的持有者不是日本和中國，而是聯準會。聯準會持有 4 萬多億元美債，超過中日之和，約占美債總額的 15％。更重要的是，聯準會的印鈔機是美債的重要保障。雖然債務僵局影響美債公信力，但是有聯準會為美債信用擔保，投資者並不會真正拋售美債。如果把聯準會的印鈔機關閉，美債在市場上的表現可能會大不同，美國政府也可能面臨實質性的違約。

所以，美國聯邦政府的軟預算約束是真實的，而這一真實性來自一個奉行「父愛主義」的家長──聯準會源源不斷地給美國財政部提供融資。為什麼聯準會可以大規模印鈔？

我們可以將軟預算約束的理論運用到信用法定貨幣領域，其實，信用法定貨幣的發行也是「軟約束」。

美元週期

在金本位時代，貨幣以黃金為錨，貨幣的發行要受到黃金儲備量的約束，然後執行剛性兌付。這就是貨幣發行的剛性約束。但是，布列敦森林體系解體後，全球經濟進入信用貨幣時代。美元不再以黃金為錨，吸收債券即可發行，同時不執行剛性兌付。這就是貨幣發行的軟約束。所以，從1971年開始，財政——貨幣的約束逐漸軟化。2008年金融危機後，財政——貨幣的約束軟化問題徹底爆發，貨幣供應量和政府債務規模同時大幅度飆升。

因此，政府財政軟約束的根源是貨幣發行的軟約束。美元和美債相互兜底，聯邦政府和聯準會相互「融資」，兩者均無強約束力，出現一種「空頭支票」悖論：美元的信用來自可靠的美債，美債的信用來自無限量的美元；而美元和美債都是債務，本質上是美國綜合國力在撐著。

有人提出，可不可以制定法律約束政府舉債規模，或者約束央行為政府融資。比如，歐盟曾在《馬斯垂克條約》（Maastricht Treaty）中對歐盟成員國的財政赤字率、國債負擔率做了指標要求，即明確要求公共債務不得超過GDP的60%。相較而言，這可以算是一種明確的約束。

但是，2009年歐債危機爆發了。為什麼？義大利並未滿足這一財務條件也作為歐元創始國加入了歐元區，希臘則透過高盛「作弊」成功矇混過關。後來，這兩個國家都是歐債危機的重災區。

在美國，聯邦政府預算約束軟化和聯準會貨幣發行約束軟化，是民粹政治崛起的結果。2008年金融危機後，民粹政治崛起，為了贏得選票，美國兩黨在社會保障及福利上的投入支出越來越大，財政赤字也隨之升高。根據美國國會財政預算報告，2000年以來，法定支出比重大幅提升，成為占比最大的支出，而法定支出包含了社會保障支出、收入保障支出和其他福利支出。2000年，法定支出達到1兆美元，自主性支出為6,000億美元；到2018年，法定支出達到2.7兆美元，自主性支出為1.2兆美元。

美國政府、國會以及投出選票的最終決策民眾都成了赤字擴張、債務高攀的推動者，但是卻都不是法理上的後果承擔者。這正是哈丁（Garrett J. Hardin）提出的公地悲劇——財政——貨幣約束軟化的根源所在。

自由市場的剛性約束的本質是，每個人為自己的選擇承擔直接的、對應的責任並付出代價，這就是價格的懲罰功能。但是，公共資源不具備價格機制，無法將責任、成本和懲罰落實到具體的個人身上。於是催生了「搭便車」動機，人人都試圖從法定貨幣過度發行、公共債務擴張中獲得更多的福利，而沒有人會顧及後果——雖然雪崩時無人能逃。

這顯然不是美國或某個國家的特殊問題，而是法定貨幣的統制問題——貨幣公共化催生貨幣公地悲劇。

美元週期

參考文獻

單立娟。環球深觀察|「有關債務上限的胡說八道該停止了！」[EB/OL]。環球網，2021-10-12。

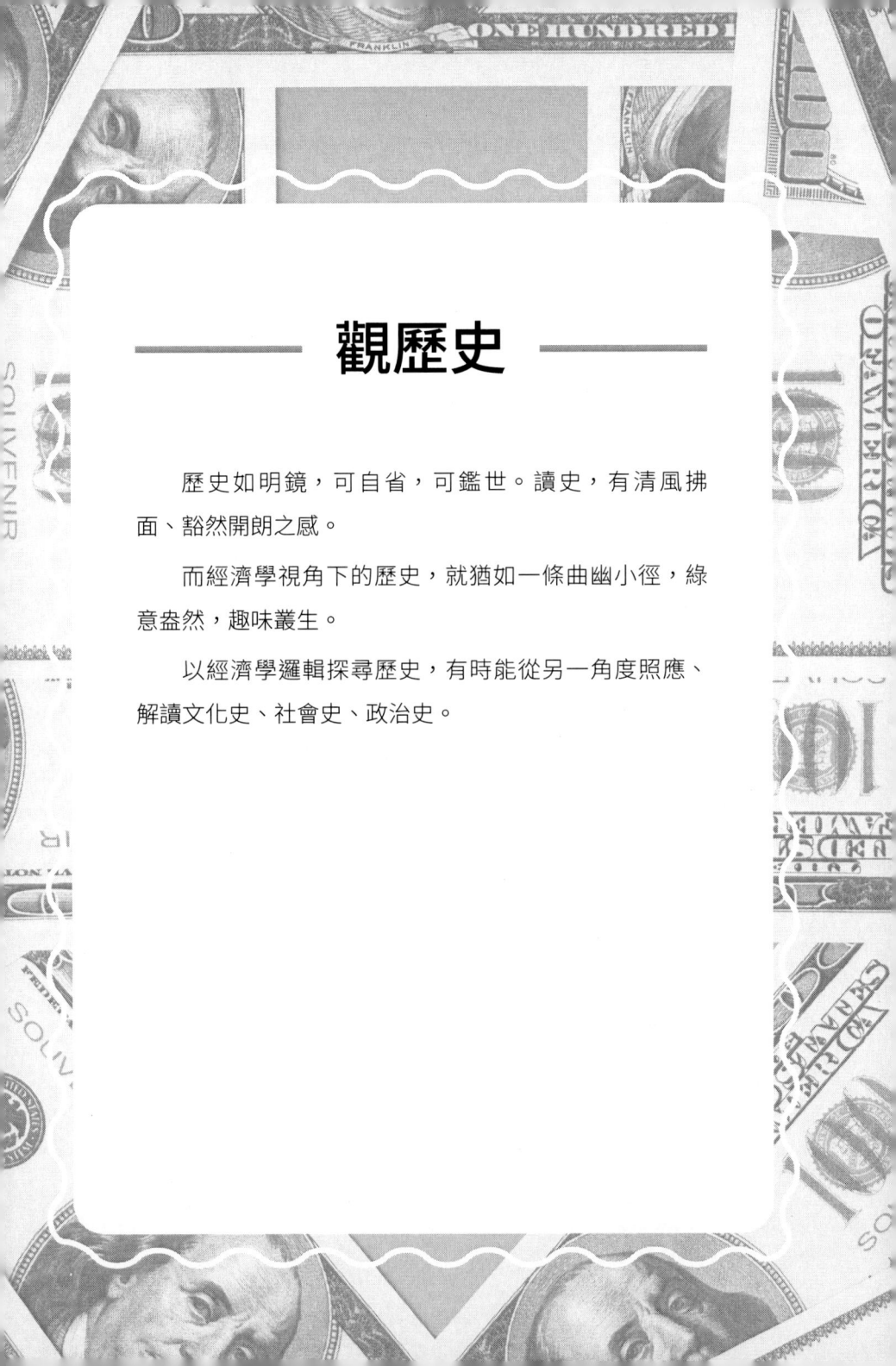

觀歷史

　　歷史如明鏡，可自省，可鑑世。讀史，有清風拂面、豁然開朗之感。

　　而經濟學視角下的歷史，就猶如一條曲幽小徑，綠意盎然，趣味叢生。

　　以經濟學邏輯探尋歷史，有時能從另一角度照應、解讀文化史、社會史、政治史。

觀歷史

一部債務與破產的政治史

西元前594年，一場債務危機正席捲雅典城邦。

城邦內許多土地上都立著一塊石碑，這塊石碑表明，該地收成的六分之五歸屬債主，農民自己只能留六分之一。這些農民被稱為「六一農」（Hektemoroi）。若收成還不足以清償債務，債主有權將「六一農」及其妻子兒女變賣為奴。於是，大量農民淪為債務奴隸，一時民怨四起；走投無路的農民引發暴亂，試圖瓜分富人的土地和財產。

富人則認為，欠債還錢乃履約之責。債務問題激化了社會矛盾，雅典處於激烈衝突甚至內戰的邊緣。

這時，雅典歷史上傑出的政治家梭倫（Solon）新官上任，他擔任雅典首席執政官的第一天便頒布《解負令》。

他命人拔掉了豎在被抵押的土地上的債權碑；廢除所有債務，禁止以人身做抵押借貸；因債賣身的農民，一律釋放；因債務而被抵押的土地一律歸還原主。

債務人無不歡呼雀躍，但是氣急敗壞的債權人、貴族則四處活動，攻擊梭倫。恩格斯說：「在梭倫所進行的革命中，應當是損害債權人的財產以保護債務人的財產。」梭倫不得不以利益交換安撫貴族。

雅典是幸運的，梭倫化解了一場社會危機。

但是千百年來，富人與窮人的衝突無不圍繞著債務與道德。債務衝突引發過無數的經濟崩盤、社會動盪、政治垮臺，甚至帶來殺戮與戰爭。

研究古代史的著名學者摩西斯‧芬利（Moses Finley）說，古代所有的革命運動都有同樣的一個步驟：「取消債務並重新分配土地。」

這是政治及利益鬥爭問題。

中文有古語說：「殺人償命，欠債還錢」，「以刑償債，賣身還錢」。

這是道德及法律平衡問題。

美國諺語卻說：「如果你欠銀行 10 萬美元，那麼你的財產歸銀行所有。如果你欠銀行 1 億美元，那麼銀行歸你所有。」

這是風險及市場原則問題。

到了近代，債務逐漸從道德標的過渡到市場標的。借貸被定義為一種市場行為，而非道德行為。債透過提供流動性來實現資源在時間和空間上的更優配置。

債的本質即提供流動性，借貸則意味著資本所有權與風險從債務人讓渡給了債權人。

如此，債務的道德關係就演化成了權利與義務的契約關係。

對債的認知是現代市場意識的關鍵。經營意味著風險，債是風險的最主要承載方式之一。若資不抵債，是否可「欠債不

觀歷史

還」,即債務免責?若按市場原則考慮,債務免責屬市場行為的一部分。

如此,與債務免責相應的破產法便應運而生。

西元1705年,英國第一次引入債務免責制度。

西元1787年,在美國立憲會議接近尾聲時,來自羅德島一位名叫查爾斯·平克尼(Charles Pinckney)的代表提出加入破產條款。這一建議獲得幾乎全數通過,被寫入美國《憲法》第1條第8款:「國會有權通過關於破產的統一法。」

美國開國者麥迪遜(James Madison)當時在《聯邦黨人文集》(Federalist Papers)中這樣寫道:「制定統一破產法的權力與商業規範密切相關,可以有效地制止當事人利用其財產在不同的州或將其財產轉移到不同州所進行的詐欺行為。」一些人認為,債務人可以利用破產法從事「合法詐欺」;而破產法支持者觀點恰恰相反,這部法律可以有效地防止詐欺行為。

其實,破產法、債務免責、企業家精神、有限責任制、風險經營是一脈相承的市場規則。經營意味著風險,有限責任制可最大限度地釋放風險,激發企業家精神;債務免責和破產法是現代市場興起及行以致遠的必要條件。

對債務的認知過程以及破產法的演變是一段包含著複雜的政治、利益、債權人集團及民粹主義反覆博弈的歷史。

西元1800年,美國第一部破產法的誕生是漢彌爾頓派與傑

佛遜派在立國原則及意識形態上長期鬥爭的一部分，也是北方工商界與南方農場主之間利益博弈的結果。

整個 19 世紀，美國破產法三立三廢，淪為挽救經濟危機的「夜壺」、博取政治選票的工具。西元 1797 年金融大恐慌催生了西元 1800 年的破產法，西元 1837 年著名的大恐慌催生了西元 1841 年的破產法，西元 1857 年大恐慌催生了西元 1867 年的破產法。

每次大恐慌，美國社會基本都能夠達成共識：被債務追著跑的商人無力東山再起，新的商人因懼怕風險無心擴大生產挽救危機。

但是，每次危機過後，投機商都會借破產法大肆獲取利益，南方勢力擔心自己的土地及財產被投機商合法奪走，則想方設法地將「夜壺」踢回床底。

西元 1893 年經濟大恐慌催生了西元 1898 的年破產法。這部法律的立法史，堪稱「一部長達 18 年命運坎坷而幾近夭折的奧德賽史」。不過，這部法律很巧妙地平衡了債權人與債務人之間的關係，成為了一部穩定的破產法。從此，美國確立了現代破產法。

此後，破產法在國家干預主義與自由主義的博弈中趨於完善。

1960、1970 年代，美國消費主義盛行，投資銀行興起，大

觀歷史

規模的消費信貸和住房貸款引發大規模的個人違約潮。在資產泡沫、債務膨脹時期,破產法遭遇新的挑戰,同時也肩負著新的使命與責任。

如今,全球債務大潮興起,房產泡沫膨脹,公司債務率高企,房企破產數量增加,部分企業陷入破產困境,投資基金兌付危機、住房貸款及消費信貸問題湧現。有人呼籲不要用差別待遇對待破產的企業家,因為企業家的事業本身就是風險事業,應鼓勵他們繼續奮鬥。他還再三呼籲立法允許私營企業破產,現在很多影子銀行[17]在追債,如果不允許企業破產,後果不堪設想,會導致社會問題。

美國著名法學家大衛·斯基爾(David A. Skeel, Jr.)在《債務管轄權:美國破產法歷史》(*Debt's Dominion: A History of Bankruptcy Law in America*)中為債務與破產賦予了「時代精神」:

「美國破產法在世界上別具特色。與其他國家相比,它最大的特色可能在於,美國的個人與公司似乎並不將破產視為最後一搏,因此他們並沒有不惜一切代價避免破產的發生。沒有人想落得一個破產的下場,但美國的債務人只是把破產視為通向欣欣向榮彼岸的一個途徑,而非『劇終』。」

本節應大疫現實之需,以美國破產法為線索,探索債務及破產背後市場原則的演進,解析政治、經濟與民間力量的博弈。

---

[17] 影子銀行又稱為影子金融體系或者影子銀行系統,是指銀行貸款被加工成有價證券,交易到資本市場,房地產業傳統上由銀行系統承擔的融資功能逐漸被投資所替代,成為銀行的證券化活動。

01 三立三廢 美聯邦黨與民主共和黨的政治鬥爭

西元 1790 年 8 月 4 日，為了避免美國聯邦政府信用破產，剛剛走馬上任的第一任財政部長漢彌爾頓向債權人承諾，聯邦政府定能如期償還所有獨立戰爭期間欠下的鉅額債務。

隨後，漢彌爾頓一邊發行債券，拆東牆補西牆，以應對短期到期債務；另一邊根據《關於西部土地測量和出售法令》（西元 1785 年）和《西北法令》（西元 1787 年）兩部法令，出售國有土地以獲得財政融資。

此後，國有土地出售引發大規模的土地投機。到了 18 世紀末，土地投機泡沫崩潰，引發債務螺旋和社會危機。美國獨立戰爭的重要資助者羅伯特・莫里斯（Robert Morris）被關進費城監獄近 3 年；華爾街金融的締造者、漢彌爾頓的助理威廉・杜爾（William Duer）因債死於獄中；當時美國最高法院法官詹姆斯・威爾遜（James Wilson）因投機失敗被迫逃到北卡羅來納州。

西元 1798 年，來自美國南卡羅來納州的羅伯特・哈珀提出了美國歷史上第一個破產法草案。這一草案在國會上引發了激烈的辯論，北方與南方、工商業界與農業代表之意見完全相左。

南方農業代表認為，破產法僅適用於北方城市及工商業，但不能用於南方農業地區及土地財產。他們擔心的是，農民和農業貿易通常是負債經營的，他們需要借貸耕種，待秋收後再還債。農業耕種週期長、風險大，若遭遇天災、收成不佳，破

觀歷史

產法可能導致北方債權人奪取他們賴以生存的土地。

北方工商業代表認為，若不通過破產法讓債務人避開受到監禁的命運及暴力的威脅，商業活動則難以恢復，商人再不敢冒險經營，而事實上風險與經營是孿生兄弟。

破產法的存廢及演變，是美國黨派鬥爭的政治縮影。第一部破產法引發的大辯論，是漢彌爾頓代表的聯邦黨人及傑佛遜代表的民主共和黨人在治國理念分歧上的部分體現，也反映了北方工商界勢力與南方農場主勢力之間的利益博弈。

聯邦黨人認為，商業是美國發展的未來。他們繼承英國的商業傳統，將破產問題視為市場行為，希望「保護誠實的債權人和債務人，鼓勵風險借貸的發展，以促進商業發展」。

傑佛遜等民主共和黨人及南方代表認為，農業才代表美國的未來。他們希望把美國建設成為一個理想的農業社會國家。傑佛遜在西元1792年質疑破產法的必要性：「難道商業是美國的立國之本，乃至非要制定破產法嗎？相反，我們不是幾乎以農業為基礎的嗎？」

傑佛遜擔心大政府主義的出現，擔心聯邦層面的破產法抑制州立法機構的力量。南方種植園主則擔心北方工商勢力及投機商會藉助破產法奪取他們的土地及財產。

其實，破產問題是美國開國者們立國原則與意識形態分歧的一部分。與當時大多數法令一樣，破產法的確立也經歷了傑佛遜派與漢彌爾頓派的來回拉鋸。西元1800年，眾議院以49

票對 48 票，參議院以 16 票對 12 票，艱難地通過了美國歷史上第一部《破產法》。法律條文基本上照抄英國破產法。

這部法律有效期為五年，但是到西元 1803 年就被廢止了。法律生效後，大多數破產的債務人被關進大牢，無法獲得應有的清算。新的債務人和投機商則利用該法逃債，甚至將其用於詐欺，剝奪農場主、種植園主的土地。最終，在南部農業州的強烈反對下，這部法律只存活了三年。

破產法的存廢並未影響投機熱情，在土地財政的推動下，大量資金湧入土地及房地產。同時，政府實施了自由銀行法，銀行設立的資金門檻下調至 10 萬美元。「大量的流動性是由那些新開的銀行創造出來的……這些錢並沒有投資到新興產業，其中大部分都流進房地產業用於投機。」

大規模信貸、持續高槓桿，助推房價、地價瘋狂上漲，市場投機趨於失控。「芝加哥的土地價值也已經從西元 1833 年的 156 萬美元漲到了西元 1836 年的不低於 1,000 萬美元。」就在房價處於巔峰時，極度痛恨投機行為的傑克森（Andrew Jackson）總統簽署了《鑄幣流通令》，規定土地交易必須使用黃金或白銀支付。

西元 1837 年底，全美所有銀行都停止了金幣兌付，市場陷入空前的流動性危機，房地產崩盤，股票市場大跌，全美 90％ 工廠停工，大量工人失業。這就是著名的「1837 年經濟大恐慌」。

觀歷史

這一次大恐慌延續時間很長，從西元 1837 年開始，直到西元 1842 年也就是危機發生 5 年後，全美大部分房價才最終跌到谷底。真正擺脫危機的時間是西元 1848 年加州金礦發現後。

在漫長的蕭條期，大量投機商、工廠主債務纏身，或身陷囹圄，或四處逃竄，甚至被人追殺。西元 1841 年，被廢除的破產法議案再次被提交到了國會上。這次辯論的核心是，是否加入強制破產條款。最終，國會通過了該法案。

但是，這部破產法並不是司法的勝利，而是黨派鬥爭與法案交易的產物。西元 1840 年前後是美國黨爭最為激烈的時期，輝格黨人為了贏得選舉，反對安德魯·傑克森總統，選擇與北方工商業界達成臨時同盟，並以破產法等法案作為交換。

交換的結果是，輝格黨的威廉·哈里森（William Henry Harrison）和扎卡里·泰勒（Zachary Taylor）連任總統；同時，南方接受強制破產條款，但該破產法不適用於銀行與公司，以保護弱小的南方商業。

不過，當輝格黨人當上總統後，南方勢力開始反悔，強烈抵制破產法，不到兩年，這部破產法便遭廢棄。

西元 1857 年經濟大恐慌再現，破產法立法再度被提上議程。光是西元 1857 年，全美就有近 5,000 家企業依據州破產法破產。同時，貨幣危機衝擊銀行系統，紐約 63 家銀行中 62 家已停止支付，實際也已破產。大部分鐵路公司的股票跌幅超過 80%。

這次立法，兩派分歧依然巨大，在強制破產條款上爭議延續。

同時，是否在聯邦法律層面加入破產豁免條款也存在爭議。草案最後試圖尋找折中路線，在南北方之間來回妥協。西元 1866 年，眾議院以 68 票對 59 票，1867 年，參議院以 22 票對 20 票，通過新的破產法。

但是，這部法律缺乏廣泛共識，南北方都不滿，北方一直試圖透過最高法院訴訟的方式廢除州法規定的破產豁免條款。西元 1878 年，國會最終廢除了該法。

19 世紀，破產法三立三廢，完全淪為政治工具，以及經濟調節的「夜壺」。破產法存廢政治週期與經濟週期相吻合，每當經濟陷入危機時，國會便匆忙通過破產法以救急。

一位來自南卡羅來納州的傑出議員約翰·考宏（John Caldwell Calhoun）認為：「國家的經濟危機源於沉重的債務，只能透過償還債務來減輕危機。」不過，他卻支持以州破產法解決本州的破產問題。

危機過後，破產法又被踢回「床底」。這就是總體經濟調控擴大化（雖然當時沒有這一說法）。

這三部法律加起來總共維持的時間不過 16 年，總體來說南方農場主勢力占據上風，而南方農場主僅希望維持州層面的破產法。

觀歷史

　　事實上，大多數州都制定了州破產法，這體現了南方勢力的強勁。

　　經過反覆鬥爭，北方工商界普遍意識到：聯邦破產法是商業實體發展不可缺少的條件。經營意味著風險，破產法與風險是硬幣的兩面，與有限責任制同屬一個制度體系。

　　一位來自麻薩諸塞州的議員丹尼爾・韋伯斯特極力支持聯邦破產法。他說：「我認為破產法對債權人極為有利……我深信這會促進公共利益……我堅信成天追債對債權人本身也沒有任何實質上的好處，債務監禁……限制人身自由的程度比任何基督教商業國家的調整債權人和債務人關係法律更甚。」

02 奧德賽史

　　民粹主義者與債權人集團的利益博弈。西元1893年，美國國會被迫廢除白銀法案，引發經濟大恐慌，不少企業陷入流動性危機，企業破產數量驟升，聯邦層面的破產法再次成為提振經濟的「夜壺」。

　　這場危機暴露了州層面的破產法的局限性。1970年代後，全國性的商業組織大規模湧現，州破產法已經難以覆蓋全國性的、規模巨大的商業組織。許多債權人跨州討債屢屢碰壁、苦不堪言。

　　西元1880年，許多債權人集團的代表齊聚到聖路易斯，並

組成了國家商業實體成員組織，要求制定聯邦破產法。債權人集團委託一位來自麻薩諸塞州的聯邦法官約翰‧洛厄爾（John Lowell）起草破產法。

洛厄爾次年將該草案（洛厄爾法）遞交到國會。當時共和黨支持立法，但是民主黨強烈反對。

此後的 18 年間，該法律草案的確立陷入漫長的鬥爭。西元 1884 年，參議院通過了該法，但眾議院沒通過。幾年後，債權人集團委託來自聖路易斯一位名叫傑伊‧托里（Jay Torrey）的律師起草了一部修正法（托里法）。

西元 1889 年，托里法在眾議院通過，但隨後在民粹主義運動中又被廢止。西元 1897 年，眾議院通過了親債權人的亨德森法（托里法的一個版本），參議院通過了親債務人的納爾遜法。參眾兩院議員們用了整整四個月才解決其中的分歧。西元 1898 年 7 月，麥金利（William McKinley）總統簽署了新的破產法案。

「西元 1898 年《破產法案》（又稱《破產法典》）的立法史是一部長達 18 年命運坎坷而幾近夭折的奧德賽史。」

不過，與前面三部破產法的命運不同，西元 1898 年《破產法案》最終成為了美國第一部穩定的破產法。其卓越之處在於，經過長期博弈最終巧妙地平衡了債權人與債務人之間的利益。

當時，來自各商會、貿易委員會以及商業組織關於破產法立法的請願書塞滿了國會的信箱。托里身為債權人集團代表，

觀歷史

為聯邦破產法立法奔走十餘年。他成為了一個象徵、一個符號，是該法案最著名的呼籲者。

農民、民粹主義者、親債務人代表、南方各州以及民主黨立法者，長期與債權人集團鬥爭，成為該法發表的核心反對勢力。

參眾兩院在親債權人的亨德森法與親債務人的納爾遜法之間達成妥協結果：因反對勢力過大，債權人集團不得不有條件地接受債務免責條款，條件是制定一系列法令限制債務人以免責條款逃避債務，甚至用於詐欺。從此，免責條款成為美國破產法的一大特色。

《破產法典》的發表亦是應美國商業大勢之需。美國內戰結束後，全國統一市場形成。在第二次工業革命的推動下，商業洪流滾滾向前，城市化大勢所趨，鐵路網橫貫中西部，全國性的商業組織崛起。

這部法令屬於商業組織的勝利，對債權人和債務人都有利。

《破產法典》打破了過去百年仿照英國的由行政主導的破產法令，將破產界定為市場行為，納入司法範疇。這相當程度上刺激了美國破產律師業的興起。

此後十多年裡，共和黨連續執政，確保了破產法的穩定性。

不過，不管是《破產法典》還是前面三部破產法，抑或是州破產法，主要對象都是個人及小型企業，極少涉及大型企業。

19世紀中期開始,美國鐵路投資興起,鐵路公司成為美國第一批大型企業。作為資金密集型行業,鐵路的巨大融資需求催生了早期的投資銀行。溫斯洛・萊尼爾(Winslow Lanier)等投資公司將鐵路債券賣給歐洲及美國的投資者,幫助鐵路公司大規模融資。

但是,差不多每隔十年,鐵路投資就會過熱,引發泡沫危機,接著便是鐵路公司負債累累,經濟陷入蕭條或恐慌。

在西元1873年經濟大恐慌中,向大眾大規模發行鐵路債券且控制北太平洋鐵路的傑・庫克(Jay Cooke)公司破產。西元1884年,經濟危機再度爆發,超過20%的鐵路公司處於破產狀態。從西元1873年到19世紀末,大約1/3的鐵路公司倒閉,總計接近700家。鐵路公司的週期性崩潰,催生了一種特殊的破產重整程式。由於美國的鐵路公司最早源於州政府批准的特許經營公司,其性質依然是私人所有。但大部分民眾則認為,鐵路是公共性質的,鐵路債券的安全性僅次於國債。若鐵路公司大規模破產清算,可能會引發社會危機,甚至危及聯邦信用。

所以,當時面臨的問題是:該如何處理這些資不抵債的鐵路公司?

之前每一次破產法立法辯論,都將全國性質大型企業破產排除在外。理由很簡單,那就是這些企業由各州頒發經營執照,理應由各州負責到底。西元1898年《破產法典》明確規定,鐵路企業不適用該法。

觀歷史

另外,鐵路公司跨州經營,各州破產法差異巨大,各州政府之間很難協調鐵路公司破產事宜。鐵路公司又不希望聯邦政府依照英國的由行政主導的方式直接接管、清算鐵路資產。

於是,當時的鐵路公司及其債權人沒有向國會、聯邦政府及州政府求助,而是不斷地訴諸州法院或聯邦法院。這時,法院摸索出一套司法重整方案,即「衡平法上接管人制度」(Equity Receivership)。

考慮到大型鐵路公司破產可能引發的社會危機,法院提出了一套重整方案:鐵路公司申請破產後,法院可以指定接管人(重整委員會)來管理該鐵路公司;債權人與債務人根據重整計劃,協商出還債計畫(一般是部分歸還)。

重整往往包括拍賣、重組、剝離等操作,比如重整委員會競購公司優質資產,剝離不良資產,重組一家公司,並以新的公司主體承擔原有部分債務。這樣,鐵路公司就可以持續經營,甚至能夠走出困境,起死回生。

在著名的芒羅公司破產案中,判決該案的州法官就表示,如果將公司拆分破產清算,「這些極有價值的資產將會完全被毀掉」,「債權人的權利和利益以及破產立法的目標和努力都會付諸東流」。

這套制度被認為是美國普通法歷史上最為精彩的部分之一。

重整制度與鐵路的網路效應[18]是高度契合的。若將鐵路公司的資產拆分出售，其價值會大幅度降低。若整體出售，且保持營運，其資產更可能更加活絡。再加上鐵路的壟斷特徵，大規模破產清算及重建將消耗大量的社會資源。

但是，重整失敗的案例也並不罕見。一些破產重整的企業苟延殘喘，拖延債務清償的時間；甚至一些大型公司會利用破產重整這一條款威脅競爭對手。

德士古公司就曾經策略性地利用破產重整增加談判籌碼。德士古是一家石油公司，控制著瓦伯什公司（瀕臨破產）。在西元1884年的一起案件中，德士古的瓦伯什公司被判向競爭對手支付一筆鉅額賠償金。德士古公司旋即向聯邦法院申請，啟動瓦伯什公司的破產重整程序。德士古公司把破產當作與對方重新談判、降低賠償責任的籌碼且獲得了成功，兩年後，這家公司從破產程序中走出來。

當時的主審法官特里特說：「我們必須要作出犧牲，以滿足各方利益……必須讓鐵路公司繼續營運。否則，就像一位很有聲望的朋友所說的那樣，你將一無所有，留下的僅是殘羹冷炙。」

亨利・斯維恩在《美國經濟協會經濟研究》中指出，在研究西元1870年至西元1898年間的150起破產接管案例後發現，內部關係人被指定為破產財產的接管人的案件達138件。這意

---

[18] 網路效應是指有一種產品或者服務，隨著每一個使用者人數的增加，自己本身的價值也會增加。

觀歷史

味著,即使公司破產重整,債權人對公司依然擁有足夠的掌控權。

許多人將破產重整視為「親債務人」的法律,破產重整制度被認為是華爾街銀行夥同破產律師欺瞞債權人的工具。後來的新政擁護者羅姆‧弗蘭克直截了當地抨擊:「他們簡直是在變戲法!」

1929 年,經濟危機爆發,並引發多年大蕭條。與過去一樣,這場大危機直接推動了破產法的演變。

在大蕭條初期,美國普通民眾對破產重整的積怨終於在紐約南區的一場關於破產法的醜聞中大爆發。

1931 年,威廉‧多諾萬(William J. Donovan)律師(美國策略情報之父)領導一項針對破產接管案的司法調查。1932 年,胡佛(Herbert Clark Hoover)總統任命薩奇為司法部副部長後發起了後續調查。調查結果(薩奇報告)令人大吃一驚:司法系統嚴重操縱破產案件。

這場調查共造成 12 名律師受到指控,其中一名潛逃並自殺,兩名被判處監禁,四名被剝奪律師資格;多名合眾國拍賣人、監管人及公職人員受到指控。另外,一名聯邦法官辭職。

報告公開後,輿論一片譁然。緊接著,德拉瓦州的兩位議員根據薩奇報告提出了一個議案,呼籲對破產法進行大規模改革。

1933 年，胡佛任期結束前，國會通過了一部分法令，其中包括個人、農民獲得債務重生的條款以及鐵路重整的條款。第二年，立法者們還第一次在破產法中加入了大型企業重整的條款。

然而，在破產法修正案正式頒布時，薩奇報告中的主要建議被刪除得一乾二淨。這一事件後，由破產法律師、學術機構及法官聯合組成的全國破產會議試圖完善破產法令，眾議院議員錢德勒也參與其中。

但是到了 1936 年底，聯邦最高法院法官威廉·道格拉斯（William Douglas）和證券交易委員會突然干擾了這一立法程序。他們敦促錢德勒和全國破產會議對現有破產法實施激進改革，尤其是大企業破產重整條款。

大蕭條期間，民粹主義勢力崛起，民眾將矛頭指向華爾街及大型企業。這時，小羅斯福總統實施新政，國家干預主義向破產事務領域擴張。

道格拉斯等新政改革派藉助民粹主義情緒，主張對西元 1898 年法案進行大幅度修改，試圖把美國破產法修改為英國那樣的破產法，即以行政為主導而非司法，強化對債務人的控制。

道格拉斯（他是美國歷史上任職時間最長的大法官）曾是耶魯大學法學院教授，在新政期間擔任證券交易管理委員會主席，是這次破產法改革的關鍵人物。

觀歷史

1938 年，在巨大的爭議聲中，國會通過了錢德勒法案。新政改革派改革了大型公司的破產制度，並寫入了破產法（第 10 章）。

這是自西元 1898 年《破產法典》頒布以來最大範圍的一次改革，錢德勒法案正式確立了破產重整制度，修訂後的《破產法典》有效地將個人破產與公司破產（大型公司破產）結合起來。

個人和公司在申請破產時可以有兩種選擇：一是債務免責（《破產法典》第 7 章）；二是債務重整（《破產法典》第 13 章）。

這次修訂的內容大多數針對免責條款和債務重整。立法者設定了免責條件，以打擊故意逃債者。

在 1937 年的破產法聽證會上，來自伯明罕的破產仲裁人瓦倫汀・內斯比說：「那些不打算償還債務的或者試圖利用法院逃避債務的債務人很快就會被發現。沒有人會容忍他們，他們的破產申請馬上就會被駁回。」同時，內斯比堅信，新的破產法會使有償還能力的人感到償債責任，從而自動選擇第 13 章債務重整。

關於債務重整，道格拉斯非常強勢地加入了一個條款：強制為重整債務任命託管人。《錢德勒法》規定，如果債務規模超過 25 萬美元的公司申請破產，就必須為這個公司任命一個獨立的託管人。

同時，對託管人的條件設定了限制條款，比如託管人必須

「與債務人沒有任何財產上的利害關係」。

這意味著,債務人不能確保對公司經營權的掌控。新修訂的條款還強化了對華爾街銀行在破產中行為的限制,這迫使華爾街銀行及破產律師逐漸退出了大企業債務重整這一舞臺。

至此,美國破產法幾近成熟。

03 行以致遠

保護債權人與保障債務人的司法平衡大蕭條後,國家主義登上歷史舞臺,經濟自由度受到了抑制,破產事業進入蕭條週期。

《錢德勒法》確立後 30 年間,企業重整的數量大幅度下降,每年申請破產的企業數量在 100 家左右浮動。破產事業的低迷,對經濟長期成長未必是好事。

到了 1960 年代,立法者開始要求國會對破產法再次進行全面審查。與過去一百多年來每次破產法立法演進源於經濟蕭條不同,這次法令修訂的需求來自經濟景氣。

「二戰」後,美國經濟進入經濟上行週期。進入 1960 年代,受福利制度完善、收入穩定成長以及全球化廉價商品輸入的刺激,消費主義愈加盛行。進入 1970 年代,布列敦森林體系解體,投資銀行崛起,消費信貸借投資銀行和消費主義盛行之勢大肆膨脹。

觀歷史

與消費信貸膨脹同步的是，因消費信貸破產的個人破產申請數量急速增加。在 1940 年代，每年個人破產申請數量才 1 萬多件；到 1960 年代，這一數量接近 20 萬件。全國消費者法律中心創始人維恩．康特里曼在立法聽證會上指出，消費債務從 1945 年的 300 億美元增至 1974 年的 5,690 億美元。

這兩個數據令當時的立法者及法官不寒而慄。由於《錢德勒法》大幅度提高了破產門檻，源源不斷的破產申請導致破產事業的「堰塞湖」越積越大。這次破產法修訂的目標正是化解破產事業的「堰塞湖」危機。

從 1960 年代末開始，國會就著手修正破產法相關工作。國會於 1970 年批准建立全國破產審查委員會。三年後，委員會給出了一份極其詳盡的調查報告。報告提出了大量的改革建議及每一項改革的原因。

他們建議成立一個政府行政機構，即美國破產行政管理局，來承擔原有破產法官行使的行政管理職責；建議國會制定統一的聯邦財產豁免標準；呼籲擴大破產法律的適用範圍；建議加強對消費債務人的保護。

破產法官被排除在破產審查委員會之外，不過他們透過全國破產法官協會提出了自己的破產法改革方案，方案的主旨是讓破產事務回歸到司法主導的時代。與破產審查委員會一致的是，他們也呼籲擴大破產法適用範圍。

1975 年，參眾兩院分別對破產審查委員會和破產法官協會

提出的議案舉行聽證會。最後，經過破產審查委員會和破產法官協會相互妥協讓步，這兩個議案被參議院合併為一個議案。

1978年，經過多次廣泛的聽證，參眾兩院達成了妥協方案：不設立破產管理機構，賦予了破產法官更多的權力。這意味著，破產事務再次回歸到司法主導的層面。

同時，修訂法賦予了債務人財產豁免權，債務人有權保留一定的財產，如2,400美元以下的汽車、8,000美元以下的日用家居品，以及15,000美元以下的房產等，這些財產用於維持債務人的生計。豁免財產制度給債務人提供一定的基礎以幫助其重新振作。

這次改革一個重要的方向是擴大破產法的適用範圍。1970年代美國經濟陷入停滯性通膨危機，高失業及收入不穩定一定程度上加劇了個人破產申請數量的增加，促使國會就擴大適用範圍快速達成共識。

新修訂法律降低了破產免責和破產重整的條件。無產可破的債務人可根據破產法第7章申請免責破產，無須進行財產的拍賣，就可立即直接獲得債務免責。不過，為了避免免責條款被濫用，第7章保留了「債務人不得免除因詐欺性財務報告而引起的任何債務」，同時提出了針對信貸消費的條款、收入調查制度以及符合《公平合理信用報告法》(*Fair Credit Reporting Act*)的個人信用審查制度。

1978年破產法頒布後，美國個人破產申請數量大規模增加，

觀歷史

從 1978 年的 172,423 件飆升到 2005 年的 1,782,643 件，成長近 10 倍。

1996 年，申請破產的個人超過 100 萬，創下美國歷史紀錄。2007 年次級房貸危機爆發，之後連續五年個人破產申請數量破百萬，其中 300 萬家庭失去了房產。近些年，美國將近 75% 的個人破產案件為「無產可破的案件」。

在關鍵的債務重整方面，1978 年破產法也放寬對託管人的限制，賦予債務人對公司更大的控制權。若選擇重整，至少在破產申請提出後的最初四個月中，只有債務人可以提出重整方案。同時，降低由債權人自己選舉破產託管人的比例至 20%。

四個月後，債權人可以要求債務人聘用一位首席託管人為債務人的管理層提供建議。2002 年世界通訊公司破產案中，債權人提供了三位首席託管人候選人，要求世界通訊公司必須聘請其中一位。

1970 年代，自由主義崛起，1978 年破產法擺脫了新政干預主義，再現自由與風險理念。這部法律促使美國破產事業重新回歸司法主導、以律師為中心。

不過，博弈一直都沒有停歇過。1997 年信貸債權人集團提出了新的法案，對債務人的免責提出極為嚴苛的標準。比如，如果債務人收入可以償還 10,000 美元債務，或者可以償還四分之一的無擔保債權，債務人就不能獲得債務豁免。又如，加入「信用卡條款」，因詐欺而承擔的信用卡債務列入不可免責的

範圍。

國會最終通過了該法案,但是關鍵時刻柯林頓(Bill Clinton)總統在希拉蕊(Hillary Clinton)的影響下行使了否決權。

2005年,信貸債權人集團捲土重來。小布希總統簽署了國會通過的《破產濫用預防及消費者保護法案》(*The Bankruptcy Abuse Prevention and Consumer Protection Act*)。有意思的是,時任參議員希拉蕊一反常態,投下了贊成票。

這部法令大幅度提高了個人破產的門檻:引入收入測試機制,限制債務人在第7章和第13章之間選擇的權利;提高破產申請費用;縮小自由財產的範圍;限制債務人在第13章程序中主動提出清償期限及清償比例的權利;等等。

總體來說,破產法在各方利益博弈中日趨完善,且富有效率。

進入90年代後,為了鼓勵快速高效的破產重整,允許給管理層設定特別獎金。進入21世紀,科技型企業破產比重增加,這類輕資產企業大多選擇破產清算,而非重整。

另外,在財產隱匿、撤銷偏頗性清償的權利等方面還有著更詳細的要求:在申請破產之前一段時間內不得償還部分債權人,而置其他債權人於不顧,因為這會導致債務分配不公,甚至存在隱匿、轉移財產的嫌疑。法院可以撤銷申請破產前90天內對無擔保債權人所做出的財產轉讓。對於債務人對內部債權人偏頗性清償的追索期限可以延長到一年。

觀歷史

如今，破產理念作為市場理念的一部分，已根植於美國商業界及個人心中。不少人認為，與有限責任制一樣，破產法可能引發道德風險。弗萊堡學派創始人瓦爾特·歐根（Walter Eucken）認為，「有限責任」可能激勵企業家過度冒險而做出錯誤的決定。破產法是否也有這樣的弊端？

但是，債務人卻認為破產是債權人放貸太過隨意的代價。正如商業銀行打破剛性兌付一樣，有限責任倒逼商業界強化風險意識，破產法倒逼債權人強化風控意識。

債的本質為流動性。作為流動性的債務，意味著所有權與風險的讓渡。美國著名人類學家和無政府主義者大衛·格雷伯（David Graeber）在其《債的歷史：從文明的初始到全球負債時代》（*Debt: The First 5000 Years*）一書中這樣指出：「一旦我們理解了債務的社會起源，就會樂於在條件發生改變時重新協商債務問題。」不管是遠古時代，還是信用貨幣時代，以債釋放的流動性規模（信貸）都遠遠超過貨幣盈餘本身。在《債的歷史》的最後，格雷伯開出一劑「藥方」：免除所有國際和消費者債務。

他認為：「這會奏效，因為它不僅能消除人們切實的苦難，而且提醒人們，金錢並非妙不可言，還債不是道德的核心，這一切都是人為的安排。」

斯基爾在《債務的世界》一書的最後指出，美國破產法的制度安排別具一格，其他國家正在吸收這一制度。然而，這注定裏挾著各種政治角逐、利益博弈與意識形態對抗。

人類經濟成長的過程便是一個不斷製造激勵制度並對外釋放風險的過程，市場、確定性、風險與有限制責任、破產法如影隨形。

當今世界，市場經濟洪流滾滾向前，全球債務浪潮襲來，唯有借破產法之方舟才能行穩致遠。

縱然如此，重商主義者托馬斯·孟（Thomas Mun）的箴言依然值得銘記：唯有貿易盈餘才是財富。

參考文獻

(1) 許德風。破產法論：解釋與功能比較的視角 [M]。北京：北京大學出版社，2015。

(2) 小戴維·A. 斯基爾。債務的世界：美國破產法史 [M]。趙炳昊，譯。北京：中國法制出版社，2010。

(3) 拉斯·特維德。逃不開的經濟週期：歷史，理論與投資現實 [M]。董裕平，譯。北京：中信出版社，2012。

(4) 大衛·格雷伯。債：第一個 5000 年 [M]。董子雲、孫碳，譯。北京：中信出版社，2012。

觀歷史

回顧百年經濟危機史

2008年9月16日，週二，下午4點，美國白宮羅斯福廳正在召開一場最高級別的會議，喬治・沃克・布希總統直言不諱地問道：「我們怎麼走到了今天這個地步？」

聯準會主席班・柏南奇和財長亨利・鮑爾森坐在白色沙發上，面面相覷……

01 荷蘭

有限責任與冒險的開始

16世紀，西班牙人、葡萄牙人捷報頻頻，他們從中美玻利維亞波託西帶回了白銀，從亞洲印度帶回了香料和胡椒，從中國帶回了絲綢和陶瓷。

一場為逐利而冒險的遊戲開始了……

西元1600年前後，熱情彪悍的荷蘭人按捺不住了。短短幾年時間，他們在亞洲陸續建立了14家貿易公司，與西班牙人、英格蘭人爭奪市場。舊時荷蘭地區所包括的區域相當於荷蘭、比利時、盧森堡和法國北部部分地方。每天幾十艘商船在印度爭相收購胡椒和香料，如此一來，印度當地收購價大漲，國內價格反而下跌。如此下去，荷蘭人必然血本無歸。

西元 1602 年，一位名叫約翰‧範‧奧爾登巴內費爾特（Johan van Oldenbarnevelt）的政治家開始積極在這些公司間斡旋，試圖聯合統一收購及營運這些公司。很快，荷蘭議會批准這一大型聯合公司的成立，頒發了東印度公司成立特許狀。

與一年前率先成立的英國東印度公司不同，荷蘭東印度公司採用了一種新型的公司制度——他們聚集了約 650 萬荷蘭盾資本，成立了歷史上第一家股份制公司。

按照股份協議規定，出資時間以 10 年為一期，並且在出資期間不得擅自撤資退出。新的投資者與原投資者則必須在 10 年後的「一般清算」時，才可加入與退出。

這一規定意味著，首次分紅是在 10 年之後，而遠洋貿易又是一種極高風險的投資，一些投資人為了規避風險，開始想辦法、講故事，試圖抬高手中的股票價格轉賣，以轉嫁風險、套利退出。

隨著荷蘭東印度公司帶回來的香料、胡椒、茶葉越來越多，股票洛陽紙貴，價格也逐漸攀升，股票交易積少成多，阿姆斯特丹逐漸形成了世界上第一個股票交易市場。

荷蘭地處歐洲西北角窪地，長期不被神聖羅馬帝國「關照」。

但憑藉港口地區優勢，各國流民、無產者及海盜聚集此地，從事漁業、船運及貿易生意。不受宗教控制的荷蘭人具有強烈的冒險基因和創新動力。

觀歷史

　　荷蘭人創立了世界上第一家股份公司和第一個股票交易市場，催生了股份公司制和股票交易制。這兩大制度成為現代經濟制度的基石，也是現代工業文明、財富創造的核心力量。

　　但是，股份公司制和股票交易制也同樣製造了一種市場風險——有限責任。

　　在此之前，無論歐洲公司，還是中國商行，其投資人與經營者均合為一體，且以家庭財富、精神人格、債務承襲作為擔保展開經營。之前，哥倫布（Christopher Columbus）的航海計畫遭到了葡萄牙、英國、法國等國王的拒絕，原因是這是一個高風險且承擔無限責任的投資。西班牙王后慧眼識才，拿出自己的私房錢資助哥倫布航海，但也是一樁豪賭。

　　而股份制公司則完全不同，投資人以入股資金作為風險擔保，而無須賠上全部身家；投資人與經營者分離，投資人可以透過股票交易市場隨時套現退出，將投資風險轉嫁給其他人；股份制公司作為一個獨立的法人主體參與競爭，承擔一切法律責任與後果。

　　投資人只承擔「有限責任」，還能隨時退出，這無疑極大地激發了市場的冒險精神，鼓勵投資者、投機者跨越重洋攫取暴利。

　　所以，荷蘭人手持股份公司制和股票交易制，在「有限責任」的驅使下，駕駛無數商船在各大洋上馳騁，在之後的 100 年內以制度性優勢壓倒了以伊斯蘭商人為代表的亞洲各地商人、

曾經先入為主的葡萄牙商人以及較晚涉足的英國商人勢力，成就了「海上馬車夫」之名，荷蘭也成為第一個崛起的資本主義國家。

但是，荷蘭人最終為自己的狂熱、冒險與創新付出了代價。

他們是第一個吃螃蟹的人，也是第一個吃癟的人。

西元 1636 年，荷蘭人日漸富有，附庸風雅和投機行為也愈演愈烈。當時，由土耳其引進的鬱金香受到當地人的喜愛，出現搶購風潮，引發價格上漲和球根短缺。

誘人的投資機會再次激發了荷蘭人的冒險基因和創新精神，他們創造了槓桿制度和期貨交易制度來炒作鬱金香球根。按照他們制定的交易規則，投資者只需少許預付款即可完成交易，甚至不需要現金和球根的現貨，開出一份「明年四月交付」，「那時候會交付球根」的票據即可。

如此一來，價格受槓桿攪動繼續瘋漲，市場大肆炒賣票據，麵包師、碼頭工人、農民都加入其中，需求進一步膨脹。為了解決當時貨幣短缺問題，投機商接受家畜、家具等可抵押換錢的東西充當貨幣購買，這就相當於創造了更多可支付的貨幣，釋放了更多流動性，價格進一步瘋狂飆升。

西元 1636 年，1 株價值 3,000 荷蘭盾的鬱金香可交換 8 頭肥豬、4 隻肥公羊、2 噸奶油、1,000 磅起司、1 個銀製杯子、1 張附有床墊的床外加一條船。價格最高時炒到每株 4,200 荷

觀歷史

蘭盾，相當於一個熟練工人20年的收入總和。西元1637年2月初，鬱金香價格突然暴跌，泡沫崩潰，票據無法兌現，超過3,000多人因此負債累累，當然也造就了少部分暴發戶。

這是近現代以來第一次泡沫危機，槓桿制度、期貨票據制度以及貨幣擴張釋放流動性——這些荷蘭人創造的風險制度無疑是這場危機的始作俑者。但是，這場危機只是一次投機泡沫，並非典型意義上的經濟危機。換言之，它的觸發點並非來自現代制度的核心——股份公司制和股票交易制，也沒有傷及實體經濟。

但是，荷蘭人的這套制度很快被後來居上的英國人套用了。

在制度的激勵性下，英國的股份公司大規模興起，越來越多貴族和平民投資公司股票。

西元1720年，倫敦市場瘋狂炒作南海公司（South Sea Company）股票，股價從年初的128英鎊飆升至7月的近1,000英鎊。在利益的驅動下，英國許多類似的貿易公司紛紛效仿南海公司發行股票，進行投機活動。

南海公司為維持自己壟斷地位，促使議會通過《泡沫法令》，也就是《1719年皇家交易所及倫敦保險公司法令》，結果泡沫破裂，南海公司股價暴跌至西元1720年12月的124英鎊，絕大多數投資者血本無歸。這就是著名的南海泡沫事件，「泡沫經濟」一詞也正是來源於此。

南海泡沫危機讓世人第一次見識到股份公司制和股票交易制的風險，但當時的投資者不會從制度上找原因，而是選擇「願賭服輸」。在此次危機中損失了 20,000 英鎊的牛頓（Isaac Newton）留下了一句名言：「我可以計算天體運動，但無法計算人類的瘋狂。」

實際上，自資本主義興起以來，至今也極少有人發現人們創立的這套經濟制度本身蘊藏著無數風險。如此，不可避免的事件最終一次次爆發。這印證了《聖經》中那句話：「已有的事，後必再有；已行的事，後必再行。日光之下，並無新事。」

02 英格蘭

完善制度與過剩性的產能。

實際上，股份公司制和股票交易制，還延伸出了一個制度——代理人制度。投資人與經營者分離，意味著經營者演變成了代理人。

代理人制度在公司裡面則是專業經理人制度，是當今經濟體系中的重要制度之一。代理人制度擺脫了投資人的經營能力局限，催生了專業化的專業經理人、管理者、企業家，甚至創業者，極大地提高了經營效率。

但是，代理人制度與股份公司制和股票交易制一樣，也是一項只需承擔有限責任的風險性制度。身為經營者，代理人無

> 觀歷史

須對公司的投資虧損、經營失敗承擔最終責任，只需要按照勞動契約及職業操守，完成投資人下達的任務目標即可。

這項制度在創造巨大財富的同時，也導致機會主義、代理人尋租、逆向選擇、詐欺股東等代理人問題的出現。

2008年，華爾街金融代理人肆無忌憚地大發次級房貸，最終引發金融危機，使得美國百萬中產的畢生財富付之東流。但是即使在危機期間，金融代理人依然可以按照勞動契約獲得豐厚年薪。美林公司CEO塞恩（John Thain）年薪為1,500萬美元，貝爾斯登CEO凱恩（James Cayne）在公司倒閉前還賺取了1,100萬美元。

股份公司制、股票交易制和代理人制度，最終在英國、美國「盎格魯──撒克遜」經濟圈發揚光大，英美金融家、政治家做了大量的貨幣制度、金融制度、財政制度創新。

從18世紀到19世紀，英國建立了一套完整的工業體系，不僅包括覆蓋全行業的製造鏈，還包括一系列的工業化管理制度。19世紀，倫敦已經成為全球金融中心，英鎊也成為獨一無二的世界貨幣。

不過，當時的工業化制度依然是以股份公司制和股票交易製為核心，並沒有過多的金融創新。工業化制度更多地服務於實體經濟，因而這一制度造成的危機也多數反映為製造業產能過剩，而非金融泡沫。

製造業產能過剩的根源,從外在因素來看是當時受到以蒸汽機為代表的技術革命的衝擊,內在則是「有限責任制度」刺激的結果。

自從西元1788年英國爆發第一次過剩性危機以來,一直到西元1825年,英國一共發生了7次經濟危機,幾乎都是過剩性經濟危機,危機的嚴重性和波及程度一次比一次大。

不過,當時的經濟學家們對眼前屢次爆發的經濟危機不以為然。亞當斯密(Adam Smith)開創的古典主義追求均衡的「自然秩序」,強調市場價格、供給、風險、競爭等機制的自我調節,否定經濟危機和失業的長期存在。

按照經典的供求第一定律,每次過剩性危機發生後,市場都會出現一定的自然修復,產能、消費、投資都進一步擴大,然後又恢復到均衡狀態。古典主義者賽伊(Jean-Baptiste Say)的觀點則更為激進,他主張「無經濟危機理論」,認為「供給可以創造需求」,誰也不會為生產而生產,所以社會的總需求始終等於總供給。

不過,與李嘉圖、賽伊生活在同一時代的法國政治經濟學家西斯蒙第則是古典主義第一位「離經叛道者」。他認為,古典主義倡導的自由市場機制不能自洽,最終會因為消費不足而產生生產和消費之間的矛盾,使得經濟危機不可避免。

蒙第在西元1819年出版的《政治經濟學新原理》(*Principles Of Political Economy*)一書中指出,「人們所受的各種災難是我

觀歷史

們社會制度不良的必然結果」。蒙第第一個質疑自由放任制度：「我再一次請求社會力量的干涉，以便使財富的進步正常化，而不使政治經濟學遵循一個最簡單的、在表面上好像最自由的所謂『自由放任和自由競爭』的方針。」

實際上，並非市場本身「自由放任」，而是荷蘭人設計了、英格蘭人完善了一套激勵人冒險的、自由放任的制度。古典主義者一直不明白，如果市場具有如此強大的自癒調節功能，為什麼經濟危機會屢屢爆發，甚至在 1930 年代引發大蕭條呢？為什麼市場機制最終會崩潰呢？

經濟學家沒有意識到，股份公司制度和股票交易制度實際上為市場機制開了一道開口 —— 有限責任。這個敞口就成了開啟市場失靈的鑰匙。

18 世紀下半葉開始，英國進入了蒸汽機革命時代，並引發了紡織製造產業的變革。西元 1764 年出現的手搖珍妮紡紗機，使紡紗效率提高了 20 倍左右；從西元 1771 至西元 1788 年間，阿克萊水力紡紗機工廠增加到了 143 家；西元 1785 年起，瓦特（James Watt）的蒸汽機開始迅速應用到棉紡織業。紡織業生產效率大幅度提高，大大超過了市場需求。西元 1788 年，紡織業過剩性危機爆發，紡織品及原料堆積如山，棉花進口額下降 12%。

表面上看，這是一場完全由技術衝擊帶來的產能過剩性危機，但實際上，技術變革受到經濟系統的掌控。核心的問題在

於，為什麼紡織工廠主會大規模擴建工廠、大規模擴張產能呢？

紡織工廠主或許處在一個資訊不對稱的環境之中，然後在跨期調節時出現決策失誤，以至於庫存積壓、銷售受阻，但這裡面有一個刺激因子，那就是有限責任制度。這場危機導致超過半數工廠破產。倘若實行的是無限責任制，這些工廠主是否會豪賭身家性命，肆無忌憚地擴張產能呢？

5年之後，紡織業又發生了過剩性危機，這次危機引發的工廠倒閉潮還牽連到數百家銀行。有限責任制度運用到金融系統之後，帶來了更大的風險。首先是股份制銀行，股份制銀行是一種淨資產極低的執行機制，主要從事人際、時間、空間的資產配置。但是，由於淨資產過低，一旦市場波動就容易引發擠兌導致銀行破產。在「二戰」之前，銀行破產是家常便飯的事情。為什麼銀行家如此「放心」？

原因也是有限責任制，銀行家以有限的極少的資產作為銀行所有經營風險的擔保，這就相當於以小的籌碼撬動大的買賣，銀行家自然容易忽視銀行經營風險而給工廠主大肆放貸。如此，在有限責任制度中，從銀行，到工廠，再到股票市場的投資人，沒有人為整個經營風險承擔最終的責任，每個鏈條都只是由一個個承擔「有限責任」的法人負責。

金融制度創新加入債券後則更為複雜。19世紀初，面對頻頻爆發的產能過剩性危機，英格蘭銀行的業務逐漸轉向公債市場，大幅度縮減了國內私人貸款。從西元1821年到西元1825

觀歷史

年,英國人豪賭美洲市場,倫敦交易所共對歐洲和中南美洲國家發行了 4,897 萬英鎊公債。如此一來,中南美洲紡織品需求量大幅度增加,投資迅速走熱。西元 1825 年下半年,供給嚴重大於需求,紡織品開始下跌,中南美洲投資泡沫崩盤,超過 3,000 家企業倒閉,紡織機械價格大跌 80%。

由於本輪的成長得到國債和信貸大力支持,危機外溢到金融系統,股票價格暴跌,近百家銀行破產。西元 1825 年底,英格蘭銀行的黃金儲備從西元 1824 年底的 1,070 萬英鎊降至 120 萬英鎊。

不過,英國人還是保守的,真正將金融制度創新發揮到極致的是美國人。

03 美國

制度創新與冒險家的天堂。

北美在對英國的戰爭中取得勝利之後,東部十三個州成立美利堅合眾國。但是,由於獨立戰爭期間發行了大規模戰爭債券,剛剛成立的美利堅聯邦政府債臺高築、國庫虛空。身為第一任財長,漢彌爾頓深感任務重、壓力大。

不過,漢彌爾頓很快展現了一位政治家的遠見以及財政專家的智慧。在如此艱難的情況下,他推行了一套整頓財政和發展經濟的施政綱領,逐步建立了美國財政金融體系。

為了償還到期的債務以及利息，漢彌爾頓於西元 1790 年制定並推出了長期政府債券，發行了面值高達 6,400 萬美元左右的「長期國債」，並承諾償還所有戰爭債務和長期政府債務。

但是，當時聯邦政府沒有開徵稅收的權力，漢彌爾頓對威士忌酒徵收消費稅還釀成了西部邊境地區農民的抗稅暴亂。如此財稅不進、借新還舊，國家信用遲早要崩潰。

原來，聯邦政府的信心來自西元 1785 年和西元 1787 年先後發表的《土地條例》(Land Ordinance of 1785) 和《西北法令》(Northwest Ordinance)。這兩部法律明確了可將「國有土地私有化」，承諾出售公共土地所得「用於償還債務或者履行償債業務」。

但是，美國是以「私有產權」立國的國家，絕大部分土地掌握在私人手上，能賣的國有土地非常有限。

一個偶然的事件促使美國國運出現了轉機。

西元 1803 年 4 月，一樁歷史上最神奇的大買賣發生了。美國總統傑佛遜（Thomas Jefferson）與法國拿破崙（Napoleon）簽署了一份協議，法國將 214 萬平方公里的路易斯安那以 1,500 萬美元價格出售給美國。這筆買賣中，美國人大賺特賺，相當於 3 美分一英畝買到了一大片寶地。

聯邦政府為了支付購地款，向外國銀行借了不少錢，政府財政負擔進一步加劇，於是，聯邦政府決心好好利用路易斯安

觀歷史

那這片廣袤之地，開啟大規模賣地模式來償還日益緊迫的鉅額債務，這就是美國土地財政的開始。

在清理完西班牙人、法國人以及印第安人「釘子戶」後，聯邦政府以 1.64 美元一英畝的價格大規模賣地，購買土地的最低限度是 160 英畝。隨後，大批東部移民和歐洲移民進入路易斯安那投資置業。這場轟轟烈烈的西進運動，開啟了新移民心中的「美國夢」。

當然，最大的獲益者當屬美國聯邦政府。到西元 1853 年，美國國土面積達 303 萬平方英哩，比宣布獨立時的版圖面積增加 7 倍多。

聯邦政府擁有大量領土支配權，此時公共土地收入成了聯邦的主要收入。土地出售收入占聯邦政府收入最高年分達到 48%。

到了西元 1837 年，聯邦政府在土地財政的幫助下，終於還清了所有的債務，而且國庫中還有大量的盈餘。美國只用了 30 多年時間，就依靠大規模的土地財政鞏固了聯邦財政和國家信用，也為美國之後的金融大廈建造了雄厚的基座——以國家信用為依託的國債。

漢彌爾頓還為美國引入了銀行制度，西元 1791 年由國會批准設立了美國第一銀行（First Bank of the United States）。

美國第一銀行是一家在美國主要發達城市都擁有分支機構

的國家銀行，屬於中央銀行的範疇，聯邦政府擁有 20％股份。這個銀行把聯邦的稅收和其他收入作為存款，並為政府提供償付服務，同時幫助政府貸款融資。

第一銀行、紐約銀行成立之後，美國私人銀行開始興起，到西元 1795 年，美國擁有 20 多家州特許銀行和 5 家美國第一銀行分行。

同時，美國人從歐洲引進了股票交易制度，一些經紀人在華爾街梧桐樹下成立了一家證券交易俱樂部，之後費城、紐約、波士頓的股票交易也活躍起來。

所以，到了 19 世紀美國的金融體系已經完善，債券、銀行、股票、股份公司等制度發揮了巨大的推動作用。

但是，到了西元 1837 年，這一冒險的制度組合開始發揮巨大的破壞力。在土地財政的推動下，大量投機資金湧入房地產、鐵路等領域。與此同時，政府又頒布實施了自由銀行法，設立銀行的最低資本金下調至 10 萬美元，大批商業銀行快速興起，並提供大量信貸，房地產價格瘋狂上漲，市場投機趨於失控。

拉爾斯・特維德（Lars Tvede）在《景氣為什麼會循環：歷史、理論與投資實務》(*The Business Cycles: History, Theory and Investment Reality*) 裡生動地記錄了這一場恐慌危機：

「西元 1832 年僅有 5,900 萬美元，到西元 1836 年已經瘋漲到了 14 億美元 —— 僅僅 4 年的時間竟然大幅上漲了 137％……

觀歷史

大量的流動性是由那些新開的銀行創造出來的⋯⋯這些錢並沒有投資到新興產業,其中大部分都流進房地產業用於投機。」

「紐約所有東西的價格都高得離譜⋯⋯房地產價格的飛漲並不限於紐約一個地方;芝加哥的土地價值也已經從西元 1833 年的 156 萬美元漲到了西元 1836 年的不低於 10,000 萬美元 —— 3 年之內令人難以置信地暴漲了 6,400%。」

西元 1836 年 7 月,對紙幣極為不信任且痛恨投機行為的傑克森總統簽署《鑄幣流通令》(Specie Circular),規定大多數購買土地的交易必須採用黃金或白銀支付。傑克森希望以此來遏制全國的地產投機行為。

此時,聯邦政府財政出現盈餘,但國會表決要求將財政盈餘分配給各個州。根據該項決議,從西元 1837 年 1 月 2 日開始,聯邦財政部每隔 3 個月就要從紐約的主要銀行提取 900 萬美元,然後將這些錢分配到各個州。

這一法令和財政部從市場中「提取」貴金屬的做法,相當於直接抽調了市場的資金,房地產和銀行市場立即陷入緊縮。聯邦財政部提取第一筆 900 萬美元時,推倒了第一塊骨牌,接著民眾恐慌與一系列的破產事件發生,房地產進入瘋狂拋售的惡性狀態,大量銀行因擠兌而倒閉。西元 1837 年底,全美所有銀行都停止了金幣兌付,股票市場大跌,90% 工廠停工和大量工人失業。這就是美國著名的「1837 年大恐慌」。

西元 1837 年 3 月《先驅報》一篇社論這樣寫道:

「美國從來沒有處於現在這樣的危險境況。我們現在被商業恐慌包圍著，這場恐慌正在發出巨大的威脅，它要破壞我們社會的一切事物──要毀滅我們的整個構架，要把大片地區變成廢墟，要把我們一半的銀行機構從地面上抹掉，要點燃那些最浮躁的熱情，並且製造突變，最終讓我們的國家停滯不前。」

到底是什麼讓人享盡榮光與浮華，又受盡屈辱與驚恐？

人們還來不及總結，當加州金礦被發現之後，淘金者又迅速地湧向西部，經濟也逐漸復甦，一輪新的投機又瘋狂開始了，一輪新的制度創新也開始了，並逐漸將這個制度與利益集團捆綁。

19世紀末，美國企業家已經在鍍金時代累積了大量的資金，他們開始以金融財團的方式控制產業經濟。

西元1879年，洛克斐勒（John D.Rockefeller）的律師說服40家石油公司的擁有者，將公司股份都交給洛克斐勒控制的託管人（實際控制人為摩根），這樣，一個40多家石油公司組成的巨型帝國──標準石油壟斷組織[19]。網路效應是指有一種產品或者服務，隨著每一個使用者人數的增加，自己本身的價值也會增加。誕生了。這是摩根（J.P.Morgan）成立的世界上第一個

---

[19] 托拉斯，英文 trust 的音譯，壟斷組織的高級形式之一，是指在同一商品領域中，透過生產企業間的收購、合併以及託管等形式，由控股公司在此基礎上設立一家巨大企業來包容所有相關企業來達到企業一體化目的的壟斷形式。透過這種形式，托拉斯企業的內部企業可以對市場進行獨占，並且透過制定企業內部統一價格等手段來使企業在市場中居於主導地位，實現利潤的最大化。

觀歷史

壟斷組織。此後，焦糖、鋼鐵、鐵路、電影、電信、汽車、電力等都以這種方式被壟斷大廠控制。

當時華爾街有個說法：「上帝在西元前 4004 年創造了世界，但 1901 年，世界又被 J.P. 摩根先生重組了一回。」

壟斷組織的出現，將股份公司制度、股票交易制度、信託制度、債券交易制度全部捆綁在一起，形成一個巨大的利益集團，透過制度和利益捆綁的方式最大限度地壟斷市場，降低風險，攫取利潤。

但是，如此龐大的機構依然無法迴避制度內在的風險性。由於壟斷組織控制金融系統，掌控著雄厚的金融資本，導致股票投機更加猖獗，並不斷地引發金融危機。

從西元 1837 年到 1929 年，將近 100 年間，一共發生了 10 次經濟危機，10 年左右一次。而每一次經濟危機都與股票投機，尤其是與鐵路股票投機有關。

具有代表性的是西元 1857 年爆發的、實際上也是第一次世界性的經濟危機。這一時期，歐美主要國家投機活動猖獗，許多銀行憑藉空頭期票，大肆發放出口信貸，參與股票投機，製造了嚴重的資產泡沫。投機活動帶動物價上漲，工業擴大生產，當泡沫破滅時則陷入產能過剩漩渦，工業部門全面減產，大量工廠倒閉。受到打擊最為嚴重的是銀行業，當年與紐約進行金融爭雄的費城，全部銀行都停止支付，費城金融從此一蹶不振。紐約 63 家銀行中 62 家遭擠兌而停止支付，鐵路公司的

股票跌去 85%。

西元 1873 年，鐵路投資及投機過熱再次引發金融危機。9 月，美國著名的投資銀行傑伊‧庫克公司（Jay Cooke & Company）因鐵路投機破產引發蝴蝶效應，5,000 家商業公司和 57 家證券交易公司相繼倒閉。

西元 1882 年、西元 1890 年和 1900 年，因鐵路投資泡沫以及股票投機，爆發了三次金融危機。

1907 年，發生了一次著名的世界性經濟危機。其時，第二次工業革命帶來的正技術衝擊依然持續且在投機市場上愈演愈烈。鐵路及相關工業帶動美國經濟異常繁榮，工業原材料價格也迅速上漲。美國第三大信託公司尼克伯克信託公司（Knickerbocker Trust）大肆舉債，關於該公司即將破產的傳言引發華爾街大恐慌。當時紐約有半數銀行貸款都被信託投資公司投注在高風險的股市和債市上，恐慌發生後銀行家們紛紛收回貸款，股市一落千丈，金融危機由此而生。

由於摩根是尼克伯克信託公司的股東，在這場危機中摩根組織華爾街大廠出手救市、力挽狂瀾，一定程度上降低了危機的波及程度，但此次危機還是造成美國幾百家信貸公司破產，大量銀行倒閉，超過 30 家鐵路公司倒閉。

身處在這個動盪時代的法國經濟學家克里門特‧朱格拉（Clement Juglar）於西元 1862 年在《論法國、英國和美國的商業危機以及發生週期》（*Des Crises Commerciales et de leur Retour*

觀歷史

Périodique en France, en Angleterre et aux États-Unis）一書中提出了市場存在著 9～10 年的週期波動。後人將朱格拉的週期理論稱為「朱格拉週期」，它反映的正是投資泡沫週期。

到了 1920 年代，美國進入了「咆哮的 20 年代」。

美國經濟總量早已躍居世界第一，紐約華爾街成為世界經濟的中心，美國儲備黃金總額已達世界黃金儲存量的 1/2。柯立芝（Calvin Coolidge）總統聲稱，美國人民已達到了「人類歷史上罕見的幸福境界」。

04 大蕭條

政府接管與風險的回歸。

1929 年 11 月 13 日，農產品批發商卡特勒走進了位於七樓的「惠譽和格蘭特華爾街律師事務所」，想要與合作夥伴格蘭特‧福克斯說幾句話。當有人不斷地告訴他福克斯人不在時，卡特勒變得越來越焦慮不安。最後，卡特勒再也忍受不下去了，心神錯亂的他爬上了窗臺跳了下去。

卡特勒成為了 1929 年這場危機中第一批自殺者中的一員。但他的跳樓，只是開始。

美國「人類歷史上罕見的幸福境界」最終定格在 1929 年 10 月 28 日，史稱「黑色星期四」。這一天，紐約股票市場價格下跌 12.8%，大危機由此開始。

隨後，股票價格以平均每天 18 點的速度狂跌，所有人都驚慌失措，他們湧入交易大廳，瘋狂賣出手中的股票，以至於股票行情機已跟不上股票市值迅速下跌的行情。很快，紐約主要股票的價格縮減超過 2/3，260 億美元化為烏有，成千上萬美國人一生的積蓄在幾天內消失不見。

股市大崩盤引發市場大恐慌，進而全面波及全球實體經濟，緊接著大量銀行倒閉，工廠關閉，家庭破產，工人失業，無數人流離失所，不少曾經的華爾街菁英淪落街頭謀生，一些人選擇以卡特勒的方式終結餘生。

大蕭條意味著市場完全失靈，新古典經濟學徹底崩盤，當整個世界都陷入恐慌之際，經濟學家們目瞪口呆、困惑不已。這個時候，一位名叫約翰‧梅納德‧凱因斯的英國經濟學家站了出來，在灰暗、令人惶恐的世界中指出了一個方向——政府接管。1936 年，這一措施的理論成果——《就業、利息和貨幣的一般理論》(*The General Theory of Employment, Interest, and Money*) 出版了。

實際上，面對不斷爆發的金融危機，以及壟斷組織瘋狂投機的舉動，美國聯邦政府也不是毫無作為。他們在法律制度、政府監管、銀行體系改革等方面做了不少工作，代表性的有《謝爾曼反壟斷法》(*Sherman Antitrust Act*)、羅斯福新政、成立聯準會以及布列敦森林體系。

観歷史

　　從西元 1870 年代起，美國社會就出現了格蘭奇運動[20]、綠背紙幣運動[21]，相繼湧現了反壟斷黨、聯合勞動黨、農民聯盟等幾十個小黨，底層農民、小企業主爆發的轟轟烈烈的運動，打破了鍍金時代沉默的政治氛圍。

　　政治家們為了迎合平權運動和反壟斷思潮，發表平權主張以獲得民意支持。在西元 1888 年的總統競選活動中，所有的候選人都發表宣告譴責壟斷行為，其中最為積極的一位是來自俄亥俄州的約翰‧謝爾曼（John Sherman）參議員。

　　謝爾曼在總統競選中最終敗給了班傑明‧哈里森（Benjamin Harrison）。雖然沒有成功當選總統，但作為參議院財政委員會主席，謝爾曼在當年提交了一份議案，希望透過聯邦徵稅權來控制壟斷行為。在國會上，謝爾曼向壟斷組織發出了擲地有聲的控訴：「如果我們不能忍受一個擁有政治力量的國王，那麼我們也不能忍受一個控制各種生活必需品生產、運輸和銷售的國王。」

　　1890 年 4 月 8 日，謝爾曼所提交的法案在參議院以 51：1 通過；6 月 20 日在眾議院以 242：0 通過。7 月 2 日，總統哈里森簽署了該法令，即《保護貿易及商業以免非法限制及壟斷法案》，也以謝爾曼命名，簡稱為《謝爾曼反壟斷法》。

[20] 格蘭奇運動興盛於西元 1870 年代，是由美國農民自發組織反對有差別收費、反對壟斷與中間商、保護農民利益的運動。
[21] 綠背紙幣運動是指西元 1870 年代美國農民反對政府採取收縮通貨、提高幣值政策的運動。

《謝爾曼反壟斷法》被譽為「經濟憲法」，但實際上在當時它是一部非常簡陋、含糊的法律。由於遵循英美判例法系，《謝爾曼反壟斷法》全文不到一千字，不管是正文和附件都沒有對壟斷及壟斷行為進行定義。這部法律的發表及之後幾十年的執法，幾乎沒有經濟學家參與，甚至連謝爾曼本人也說不清楚這部法律具體要監管什麼。可以說，這部法律的誕生實際上是政治妥協的一種結果。

所以，《謝爾曼反壟斷法》誕生十年間幾乎成了一紙空文。

1904 年美國共有 318 家壟斷企業，其中 93％是西元 1890 年該法發表後建立的。

1901 年，美國總統威廉‧麥金利（William McKinley）被無政府主義者刺殺身亡，副總統老羅斯福，也就是狄奧多‧羅斯福（Theodore Roosevelt）接任總統一職。對壟斷行為深惡痛絕的老羅斯福上臺之後便對摩根砍下反壟斷的第一刀。老摩根不可能想到，這位曾經得到他支持和資助的年輕政治家，居然率先對自己開刀。

1902 年，聯邦司法部對北方證券發起反壟斷訴訟。老摩根在他的寓所裡聽到了這個壞消息後，憤怒地趕往白宮，質問老羅斯福總統：「如果我們有錯，你可派人來和我的人談，他們肯定能夠把事情擺平。你為什麼不打招呼就直接提起訴訟，而不事先通知我呢？」老羅斯福回答說：「我並不是要擺平一件事，而是要制止它。」

觀歷史

1903 年,最高法院大法官們以 5：4 判決裁定該公司違反了《謝爾曼反壟斷法》,下令其停止壟斷行為。此後,老羅斯福一口氣發起 44 件針對大企業的法律訴訟,其中 25 起勝訴,成功解散了牛肉壟斷者、石油壟斷者、電信壟斷者和菸草壟斷者等。當時,人們給予他「壟斷者馴獸師」、「壟斷者爆破手」的外號。

除了《謝爾曼反壟斷法》之外,另外一個制度創新就是成立聯準會。

歷史上,由於美國大眾對中央銀行的敵意,導致中央銀行兩次設立兩次解散:西元 1811 年,美國第一銀行解散;西元 1836 年,美國第二銀行作為國民銀行的執照到期,因為西元 1832 年銀行執照展期的議案被安德魯‧傑克森總統否決了。

西元 1836 年後,由於美國第二銀行沒有延續展業,美國金融市場沒有最後貸款人為銀行體系提供準備金,以防止銀行業恐慌擠兌,於是到 20 世紀初期,美國銀行危機頻頻發生,幾乎每 20 年一次。

其中,1907 年的金融危機導致大範圍的銀行破產和存戶損失慘重。

嚴峻的事實教育了美國大眾:需要建立中央銀行,以防止銀行業再現恐慌危機。

但是,美國大眾對建立中央銀行的共識達成並不容易。人們主要有兩種擔憂:一是華爾街的金融機構可能操縱中央銀行,

繼而控制經濟；二是聯邦政府掌管中央銀行運作會導致政府過多介入私人銀行事務。在中央銀行應當是一家私人銀行還是一個政府機構的問題上，大眾尚有巨大的分歧。

1913 年，美國發表了《聯邦儲備法》（Federal Reserve Act）。政治家們精心設計了一套制約和平衡的體系，於是創立了擁有 12 家地區聯邦儲備銀行的聯邦儲備體系。

《聯邦儲備法》的擬定者試圖設計出一種正式的結構，使聯邦儲備體系能夠實現權力在地區之間、私人部門和政府之間以及銀行家、工商業者和大眾之間的分散。但是，聯邦儲備銀行的行長們加入聯準會的目的很明確，那就是讓聯準會為其充當最後貸款人，在發生經濟危機、銀行擠兌時為其開敞口，提供貨幣支持。

聯準會一成立便效果顯著。當時的聯準會由班傑明・斯特朗（Benjamin Strong）領導，他發現了公開市場操作和公開回購兩種工具，透過這兩種工具，聯準會可以控制貨幣發行以及調節利率。事實上，從聯準會成立到 1928 年斯特朗離開，美國銀行恐慌現象確實再未發生過。

還有一項代表性的措施就是大蕭條時期的羅斯福新政。

小羅斯福總統是老羅斯福的遠房堂弟，這位小堂弟的經濟管制態度與措施同樣強硬。1933 年 3 月 4 日，小羅斯福入主白宮的同一天，釋出的第一道政令就是關閉所有的銀行和交易所，直到搞清楚銀行和證券市場在做什麼，才能恢復營業。

观歷史

　　6月16日，他又簽發了著名的《格拉斯──斯蒂格爾法案》(Glass-Steagall Act)。這部法案規定，銀行不能同時從事存貸業務與投行業務；同時，銀行和投行董事不能相互兼任。

　　這部法案強制金融機構分業經營，將投資銀行業務和商業銀行業務嚴格地劃分開來，保證商業銀行能避開證券業的風險；禁止銀行包銷和經營公司證券，只能購買由聯準會批准的債券，降低金融資本對產業資本的控制。這無疑沉重地打擊了摩根財團等壟斷組織，大通銀行和花旗銀行也被迫拆分。

　　此後，小羅斯福採用了凱因斯的主張，實施強而有力的新政改革，成功地帶領美國從大蕭條中走出來。從此，凱因斯主義替代了新古典主義，開始長時間統治主流經濟學界。美國政府也在「二戰」後長期執行凱因斯式的經濟政策。

　　1944年，德國法西斯大勢已去，作為同盟國領導者的美國開始試圖主導世界。在布列敦森林會議上，與會國通過了美國的懷特計畫，這意味著一個以美元為核心的全球固定匯率體系的形成。布列敦森林體系避免了戰後世界經濟陷入匯率波動的混亂之中，也確實維繫了將近30年的全球經濟穩定。在布列敦森林體系期間，全球基本沒有爆發世界性、持續性的經濟危機。

　　《謝爾曼反壟斷法》、羅斯福新政、布列敦森林體系、成立聯準會，這些制度建設和新政干預確實相當程度上規避了原本經濟制度的風險，同時避免了短時間的經濟危機產生。但是，這些措施只能算是對當時經濟制度的「小修補」，抑或是強制介

入,都沒能從根本上解決經濟制度本身的風險基因。

最終,布列敦森林體系在「特里芬難題」(Triffin dilemma)中崩潰;《謝爾曼反壟斷法》淪為「交通警察」;凱因斯式的經濟政策在1970年代的停滯性通膨危機中失靈;承擔最後貸款人角色的聯準會成了這套風險制度的最後閉環,反而進一步強化了市場風險。

於是,一場更大的危機向我們走來⋯⋯

05 金融資本主義

完美體系與最後貸款人。

1970年代或許是人類近三百年經濟史的轉捩點。這十年發生的一系列事件決定了今天的世界格局,也將長期影響未來。

其時,美國經濟成長率下行,之前實施了幾十年的風控措施的後遺症開始爆發。

1971年,尼克森(Richard Nixon)總統宣布美元與黃金脫鉤,布列敦森林體系解體。

布列敦森林體系解體之後,貨幣體系出現了兩大非常本質上的變化:

一是世界各國開始進入浮動匯率時代,世界各國的資產價格被重估,並由國際市場來決定,國際匯率及金融市場的波動性大大增加。

觀歷史

　　二是世界各國的貨幣體系從原來美元 —— 黃金本位，轉向信用本位，各國貨幣主管機關依靠國家信用來發行貨幣。

　　1973年世界石油危機爆發，美國經濟立即陷入停滯性通膨，高通膨、高失業、低成長並存。美國連續兩屆政府採用凱因斯式政策都無濟於事，最終，凱因斯主義深陷持續、反覆的停滯性通膨泥潭，在新自由主義的大論戰中徹底敗走白宮。

　　1979年，保羅‧沃克掌管聯準會，強勢將聯邦利率提高至20%，通貨膨脹率大幅度下滑，但是經濟也陷入負成長，失業率高達10%。議員、媒體、民眾痛罵沃克，農場主開曳引機堵在聯準會門口。

　　1980年，羅納德‧雷根持供給面學派的減稅主張成功入主白宮，一方面力挺沃克強硬抗擊通貨膨脹，另一方面開展以大減稅、放鬆管製為核心的供給側革命。

　　1980年代初，雷根與沃克攜手將美國從停滯性通膨泥潭中拉了出來，美國經濟進入了「雷根大循環」。

　　但是，雷根和沃克打造的「雷根大循環」實際上是重新建構了一個全球化秩序，即金融資本主義。沃克將美元推向了強勢時代，向全球市場輸出美元；雷根將政府赤字推向擴張時代，從全球市場回收美元。二人聯手打造了一個強美元、強金融、高貿易赤字、高主權債務的全球化的金融資本主義秩序。

　　所以，金融資本主義秩序的邏輯是，透過強美元、高匯率

發展金融產業,弱化製造業,進口商品,輸出資本,經常帳戶赤字,資本帳戶盈餘;透過發行國債以及發達的金融市場吸收國際資本,促使美元重新回流美國市場,以維持國內資本市場的平衡;資本回流國內後,聯邦政府進行高軍事投入,金融資本再投資海外市場並獲取高利潤,以及在金融資本支持下進行科技創新,維持美元的強勢地位。

但是,金融資本主義秩序要執行,除了強勢美元之外,還有三個客觀條件:

一是布列敦森林體系解體之後,世界進入了信用貨幣時代,聯準會不再依託黃金,而是基於國家信用發行貨幣,依照本國市場及國家利益控制美元的緊縮,以極其低廉的成本向全球收取高額的鑄幣稅。這是金融帝國的最高權杖。

二是布列敦森林體系崩潰之後,世界進入了浮動匯率時代,浮動匯率的套利空間激發了投資銀行的興起。這為建立金融帝國打下基礎。

三是1980年代以電腦為代表的資訊科技革命興起,電腦極大地啟用了商業銀行創造信用貨幣的能力,並促進投資銀行開發各種金融衍生品,做大金融市場以及金融資產。這是美國金融帝國的數位化武器。

事實上,金融資本主義秩序是一套非常完整、嚴密、複雜的金融套利遊戲,最大限度地整合了荷蘭人創立的股份公司制、股票交易制,英格蘭人完善的包括銀行、股票、證券在內

觀歷史

的金融交易制度，以及美國人創新的一整套複雜的金融制度，包括國債信用制度、聯準會體制、信用本位貨幣、金融混業、信託制度、避險基金、期貨期權交易、離岸帳戶、投資銀行、交易清算、跨境支付以及各種金融衍生品。

金融資本主義秩序按照一個嚴密的、環環相扣的規則來執行：

首先，處於全球化自由市場之下，聯準會以國家信用為擔保發行信用貨幣（美元），並為美國聯邦準備銀行、聯邦保險公司、聯邦兩房公司（房地美、房利美）等金融大廠、大型企業充當「最後貸款人」；聯邦政府以國家信用和財政稅收為擔保發行大規模長期國債；聯準會依託國債發行基礎貨幣。其次，商業銀行和金融大廠拿著聯準會的「免死金牌」，手持大量的國債，以國債為本位，大肆加槓桿，製造大量的信用貨幣以及信用票據，大量發放貸款，創造各種複雜的金融衍生品。

聯準會和聯邦政府以當年漢彌爾頓建立的國家信用為依託，共同建立了這套完整的金融制度。如此一來，美元、國債、股票、信貸以及各種金融衍生品環環相扣，形成了一個以國家信用為基底的龐大的金融系統。這套系統利用資訊科技、浮動匯率和信用貨幣，組成了一個閉環，將國家信用、政府財政、總體經濟甚至世界經濟捆綁在一起。

當年，《格拉斯──斯蒂格爾法案》一定程度上遏制了金融化膨脹。但是，1982 年大陸伊利諾銀行的倒閉、投資銀行的興

起以及全球化競爭讓美國金融界深刻感受到，該法案確保了商業銀行不受風險衝擊，也將商業銀行束縛在日薄西山的存貸款業務之中。1984 年，受拉美債務危機影響，美國從事商業貸款的銀行大量倒閉，甚至達到了大蕭條以來的最高峰。

為了廢除這個法案，美國金融界花費了 3 億美元，歷經 12 次遊說。花旗銀行為併購旅行家集團，不遺餘力地遊說聯邦財政部。

1999 年，美國財政部支持新的《金融服務現代化法案》（*Financial Services Modernization Act*）替代《格拉斯 —— 斯蒂格爾法案》，美國金融業從此走向混業經營，開啟了金融衍生品創新的「潘朵拉的盒子」。

在華爾街眼中，這些一環扣一環的金融衍生品可以大大地分攤、化解風險。比如期貨制度就是一種價格發現和風險轉移的制度，將價格波動的風險轉移給風險偏好高的人。然而，這個看似固若金湯的完美體系以及各種神奇的金融衍生品，最終還是遭遇了「明斯基時刻」。

2007 年，深陷次級房貸泥淖的雷曼兄弟公司四處尋求買家，聯準會、聯邦財政部、高盛、花旗銀行、房地美、房利美都捲入其中。

然而雷曼兄弟最終在權力爭鬥、利益訛詐、漫天要價以及痛罵聲中破產，並引爆繼 1929 年以來規模最大的全球性經濟危機。

觀歷史

而在此之前,這些人都曾坐在一張桌子上,以「政治正確」的方式,聯手「再造美國夢」。他們的盤算是:先是聯準會大幅度下調利率,釋放流動性。然後,以雷曼兄弟為代表的華爾街金融機構則大量發放次級貸款,讓底層民眾買房。當時只要你聲稱自己的薪水有六位數,就可以從銀行開出 50 萬美元的住房抵押證明,一個月後就可以拿到貸款。

同時,聯邦政府站出來做隱性擔保。聯邦政府支持下的房地美、房利美兩家全美最大的住房貸款抵押公司負責收購金融機構的貸款合約,然後打包到金融市場上銷售。即使發生危機,聯準會也可以為這些金融機構充當「最後貸款人」,確保其不破產。

最終,身先士卒的雷曼成了這一「完美制度和運作」的犧牲品。危機爆發後,聯邦財長鮑爾森在眾人的責罵聲中接管了「兩房」;柏南奇主席領導聯準會實施量化寬鬆,釋放了大量流動性,再次站到了花旗銀行及金融大廠身後,充當堅強的「最後貸款人」。

好的劇本和壞的劇本都提前寫好了,就看怎麼演了。

危機爆發後,英國女王伊麗莎白二世造訪倫敦經濟學院,向在此的經濟學家們提問:「為什麼當初就沒有一個人注意到它(經濟危機)?」

在場者無一能夠回答。不久之後,倫敦經濟學院教授、英格蘭銀行貨幣政策委員會委員提姆・貝斯利(Tim Besley)領銜

英國知名學者聯合寫了一封信給女王：

「抱歉，女王陛下，我們沒能預測到國際金融危機的到來。」

「金融家成功說服各國政府並讓自己也相信，他們已完全掌握控制風險的有效辦法，而現在看來，這已成為人們一廂情願和傲慢自大的最佳佐證。」

「總之，沒能預測出這次危機的時間、幅度和嚴重性是許多智慧人士的集體失誤。」

安德魯・羅斯・索爾金（Andrew Ross Sorkin）在其著作《大到不能倒》（*Too Big to Fail*）中寫道：「這是一個關於冒險家的故事：他們敢冒一切風險，並已承受著巨大的風險，但又固執地認為自己沒有冒任何風險。」

實際上，華爾街創造的金融衍生品已經極為複雜，甚至連很多執行長和董事自己都搞不清楚。但他們採用了一個簡單的邏輯：在整個交易鏈中，將自己這塊業務的風險打包轉移出去。事實上，這種風險轉移的方式一直被金融界甚至經濟學家認可。

1934 年，聯邦存款保險公司建立後對於金融業產生了巨大的穩定作用，銀行倒閉的數量從前一年的 4,000 家急遽減少到只有 57 家。銀行風險被保險公司分攤，而保險資產被又層層打包成各種衍生品，到投資銀行市場上去銷售。那麼，風險真的被分攤了、消化了嗎？

金融理論中，有著著名的費雪分離定理、兩基金分離定

觀歷史

理、莫迪尼亞尼-米勒定理，證明金融市場的確促進了資金配置和風險轉移。但是，誰會為整個資產鏈中的風險承擔最終的責任呢？

國會總審計長查爾斯・鮑舍（Charles Bowsher）接到針對金融衍生品市場發展的研究任務後，對國會委員會說：「美國這些大交易商的突然破產或退出交易將會引發市場流動性問題，也會對其他機構，包括參加聯邦保險系統的銀行，甚至整個金融體系都構成威脅。那時就只能透過由納稅人買單或以納稅人的錢做擔保的救市方式來干預市場了。」

在整套制度體系中，聯準會當了「最後貸款人」，金融家的道德風險則無比巨大。

從聯準會主席到基金經理，每個人都是利益輸送過程的一環，誰還會為利益鏈後果負責呢？

聯準會主席和聯邦財政拿著納稅人的錢或透過納稅人買單的方式，為金融大廠提供擔保。金融大廠有靠山支持，加上「有限責任」制度的支持，更加肆無忌憚。而風險卻來源於細微處──金融產品設計，根源則是這套「完美」但責任約束不夠的風險機制。

弗萊堡學派創始人瓦爾特・奧伊肯（Walter Eucken）嚴厲批評了「有限責任」，認為「有限責任」激勵企業家過度冒險而做出錯誤的決定。但是，我們還能回到無限責任的年代嗎？

古典最後貸款人理論代表人物華特・巴治荷認為，為了避免道德風險，央行不能無償、隨意援助，甚至應採取「懲罰性利率」，這就是著名的「巴治荷原則」[22]。

然而，這套經濟制度是以漢彌爾頓設計的國債制度為基石的，已經將聯準會、聯邦政府利益捆綁到一艘船上，嚴格說聯準會與聯邦政府都成了這套制度的最高設計者。如此，「巴治荷原則」自然無法適用。

聯準會主席柏南奇因處理金融危機措施得當，避免了美國經濟陷入大蕭條，同時也抑制了通貨膨脹，獲得美國政治界、經濟學界廣泛讚譽。

傅利曼在其著作《大衰退》（*The Great Contraction*）中批評：大蕭條時期的聯準會主席哈里森（George L. Harrison）採取了緊縮措施，才導致大蕭條蔓延和大量銀行倒閉（1929年到1933年，9,000多家美國銀行倒閉）。哈里森的政治智慧和手段確實不如其前任斯特朗，但其實即使哈里森實施擴張性貨幣政策也難以挽救危局。

因為當時聯準會執行的是金本位制度，根本沒有辦法像柏南奇一樣大規模發行信用貨幣。哈里森縱然有政治權力鬥爭的考慮，也必然擔心自己的擴張性政策會超過金本位制所設定的

---

[22] 巴治荷原則是指在一個不需完全承擔其行為後果的環境裡，代理人總會有動機利用環境來改變自身的行為。因此，最後貸款人的救助將鼓勵商業銀行的急功近利行為。巴治荷認為，如果不採取正確的預防措施，最後貸款人將放大而不是縮小潛在的金融體系崩潰的風險。為了解決源於最後貸款人的道德風險問題，巴治荷提出了懲罰「微弱少數」的「巴治荷原則」。

觀歷史

界限。

2012 年 11 月 8 日，在慶祝米爾頓·傅利曼 90 歲生日宴會上，聯準會主席柏南奇誠懇地承諾：「就大蕭條問題而言，您說的觀點完全正確，的確是我們造成了經濟大蕭條。對此，我們感到非常難過，對不起大家了。但是，託您的福，我們聯準會再也不會那樣做了。」

聯準會真的可以避免危機嗎？

參考文獻

(1) 安德魯·羅斯·索爾金。大而不倒 [M]。巴曙松，陳劍，譯。北京：中國人民大學出版社，2010。

(2) 埃拉·卡岑涅森。恐懼本身：羅斯福新政與當今世界格局的起源 [M]。彭海濤，譯。太原：書海出版社，2018。

(3) 費希拜克。美國經濟史新論：政府與經濟 [M]。張燕、郭晨等，譯。北京：中信出版社，2013。

(4) 傑夫·馬德里克。政府與市場的博弈 [M]。李春梅、朱潔，譯。北京：機械工業出版社，2013。

(5) 穆雷·N. 羅斯巴德。美國大蕭條 [M]。謝華育，譯。海口：海南出版社，2017。

(6) 威廉·西爾伯。關閉華爾街：1914 年金融危機和美元霸權的崛起 [M]。刁琳琳、余江，譯。北京：中信出版社，2018。

(7) 約翰・S. 戈登。偉大的博弈：華爾街金融帝國的崛起（1653 － 2011）[M]。祁斌，譯。北京：中信出版社，2011。

(8) 米爾頓・傅利曼。大衰退：1929 － 1933[M]。謝珂，譯。北京：中信出版社，2008。

(9) 保羅・克魯格曼。蕭條經濟學的回歸 [M]。劉波，譯。北京：中信出版社，2012。

(10) 班・柏南奇。行動的勇氣：金融危機及其餘波回憶錄 [M]。蔣宗強，譯。北京：中信出版社，2016。

觀歷史

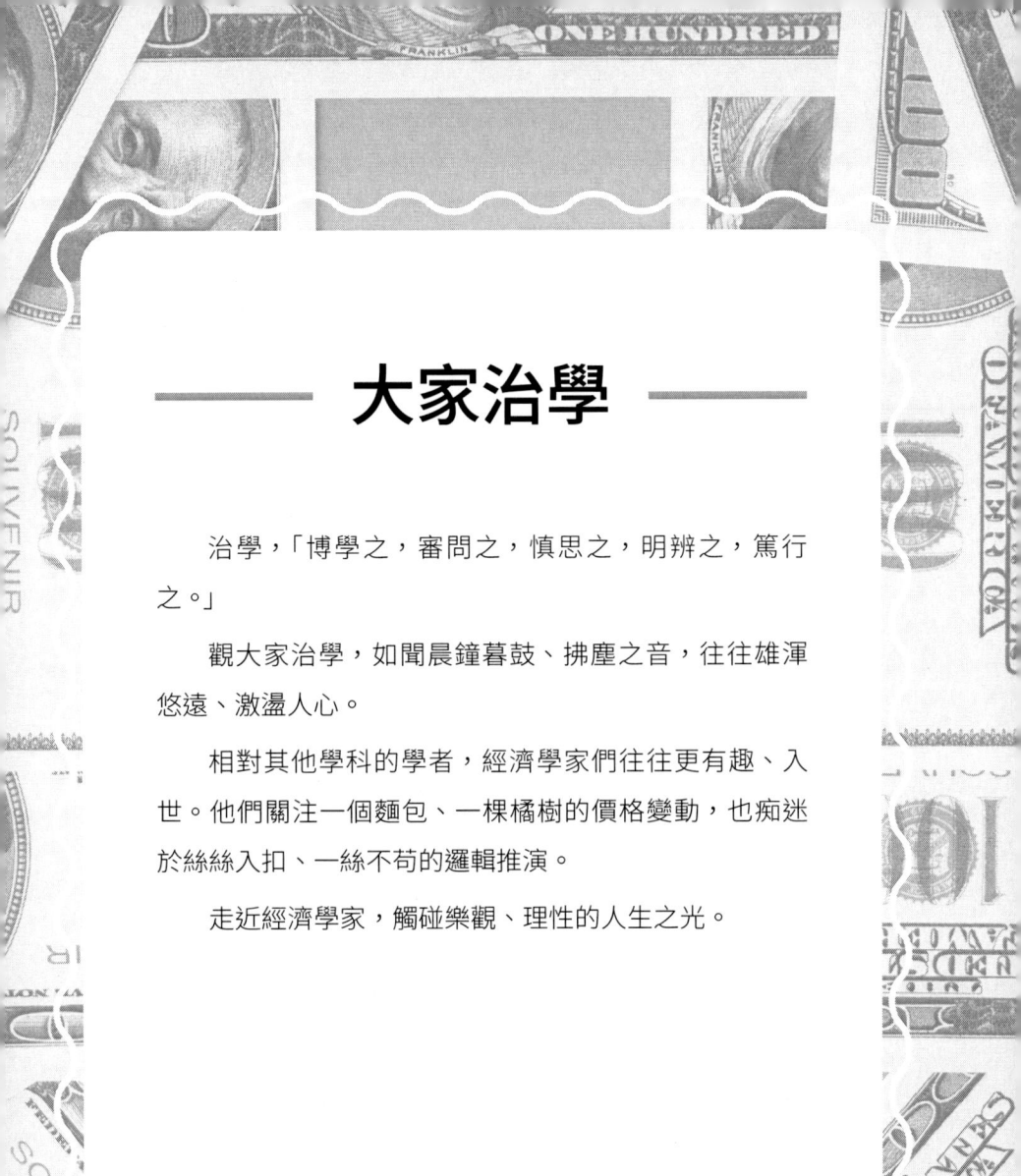

大家治學

　　治學,「博學之,審問之,慎思之,明辨之,篤行之。」

　　觀大家治學,如聞晨鐘暮鼓、拂塵之音,往往雄渾悠遠、激盪人心。

　　相對其他學科的學者,經濟學家們往往更有趣、入世。他們關注一個麵包、一棵橘樹的價格變動,也痴迷於絲絲入扣、一絲不苟的邏輯推演。

　　走近經濟學家,觸碰樂觀、理性的人生之光。

大家治學

政治家，凱因斯

「當事實發生改變，我的觀點也會改變。」

這是當年凱因斯回應論戰時的一句無意之言，卻可能成為對凱因斯其人的最佳詮釋。

自 2008 年金融危機以來，世界經濟陷入了高泡沫、高債務、低利率、低成長的泥淖。疫情之下，全球結構性通膨正向全面通膨轉變，國家主權債務危機一觸即發，貧富差距接近大蕭條前夕。

這些經濟「成果」，其中相當一部分應該歸功於凱因斯的門徒們——麻省理工學派輸出的貨幣主管機關決策者們。如今，聯準會走到了歷史的關口，資產負債表擴張到空前的規模，並將充分就業目標置於通膨目標之前。

海耶克曾說，如果凱因斯活到 1970 年代，他會寫出供給經濟學。

假如凱因斯「復活」，他會如何看待當今世界的經濟問題以及他的門徒們？他還會是一個「凱因斯主義者」嗎？

本節帶你重返凱因斯時代，嘗試還原更加真實的凱因斯及其思想，思考當今經濟問題。

01 劍橋

西元 1883 年,維多利亞晚期,約翰‧梅納德‧凱因斯出生在英國劍橋的一個菁英家庭。

他的父親是劍橋大學的一名文官,也兼任過經濟學教授的職位;母親則熱心公共慈善事業,後來成為了劍橋市的市長。凱因斯的祖父是一名商人,還為家庭留下了可觀的遺產。若追溯源頭,凱因斯先祖曾在西元 1066 年與英王威廉一世(William I The Conquerer)一起來到英國,祖上親自參與戰爭、建功封爵的不在少數。當知曉家族的榮光歷史時,小凱因斯無比興奮,這或許為凱因斯注入了些許英格蘭貴族精神。

西元 1897 年,14 歲的凱因斯通過了伊頓公學(Eton College)獎學金考試,在伊頓公學度過了五年的學生生涯。從 17 世紀起,伊頓公學就是英國最著名的貴族學校,凱因斯在這裡接受了菁英教育。他思維敏捷,天賦超群,善結名流,是校園文化俱樂部的中心人物,擅長辯論與演講,同時又能保持良好的禮儀風範。凱因斯的菁英家庭、所受的貴族教育、聰慧天資與性格魅力,是他一生能夠在政界與學界間順暢遊走的雄厚資本。

1901 年,凱因斯以數學、英語、歷史三項第一的成績從伊頓公學畢業。次年,19 歲的凱因斯獲取了劍橋大學國王學院(King's College, Cambridge)的數學與古典文學的獎學金。在劍

橋的三年時間裡，凱因斯繼續發揮自己的天賦，博覽群書，涉獵甚廣，他很快成為了校園俱樂部的組織者、領導者。

當時的劍橋大學基本上完成了維多利亞時代的信仰切換。19世紀下半葉開始，自然科學和工業的發展極大衝擊了傳統的宗教神學，維多利亞時代的知識分子遭遇信仰危機。知識界快速地轉向科學主義與邏輯主義。在經濟學方面，瓦爾拉斯將經濟學推入物理化、數學化的軌道。折衷主義大師馬歇爾建立了劍橋經濟系，劍橋大學逐漸成為了世界經濟學的學術中心。同時，馬歇爾（Alfred Marshall）在西元1890年出版了《經濟學原理》（Principles of Economics）。很多人認為，經濟學的完美大廈已經建成。

不過，依然有些學者試圖拯救被維多利亞經濟車輪碾壓的信仰。劍橋大學有一位哲學教授叫西季威克（Henry Sidgwick），他主張直覺主義，強調感性主義與道德情感，與馬歇爾的理性主義、邏輯主義與功利主義相對立。

1905年，凱因斯從劍橋國王學院畢業。同年，在父親的引導下，凱因斯開始跟著馬歇爾學習經濟學原理，這也是他首次正式接受經濟學學術教育。不過，凱因斯此時對經濟學仍然沒有專攻的心思，他主要的注意力仍然集中在道德哲學上。凱因斯似乎與西季威克更為投緣，他們關係不錯；或者說，凱因斯是一位天生的直覺主義者。直覺主義引導他關注現實和大眾利益，讓他與馬歇爾的學說漸行漸遠。直覺主義還影響著凱因斯

政治家，凱因斯

的門徒們，他們以此建立的學說，受到以直覺判斷的廣大民眾的危險追捧。

1905 年 12 月，凱因斯放棄了經濟學榮譽學位的考試，轉而參加了國家公務員的考試。馬歇爾在教授的過程中也發覺了凱因斯的一些天賦，勸他留在劍橋考取榮譽學位。但是，凱因斯不以為然。

至此，凱因斯對經濟學的正式學習時間僅僅六個月。

這一次小小的選擇，開啟了凱因斯在政界和學界之間頻繁橫越的人生。

1906 年，凱因斯以第二名的成績考取了國家文職人員，他被分配到了印度事務部。事實證明，這一職位對於凱因斯來說更像一個閒職，難以發揮他的才能。他每天僅用一兩個小時就能夠完成職責工作，其餘時間則拿來寫研究員論文。沒待滿兩年，凱因斯便決定回到熟悉的劍橋生活，準備報考劍橋國王學院的研究員。

這份公職的時間雖然不長，但為凱因斯正式步入英國政府機構累積了一些人脈。同時，凱因斯在這個過程中對貨幣處置問題產生了興趣。羅賓遜（Joan Robinson）這樣評價道：「凱因斯在印度事務部學會了從一個行政長官的角度來看經濟學上的問題。」「從行政長官的角度來看經濟學上的問題」，或許是凱因斯思想最為準確的描述。

在研究員競選中,凱因斯落敗了。不過,凱因斯準備的一篇機率學論文讓當時的考官、馬歇爾的得意門生皮古頗為驚訝。事後,皮古對馬歇爾表示,願意為凱因斯提供一個經濟學講師的位置。

1908 年,25 歲的凱因斯從印度事務部正式辭職,搬到了國王學院,又回到了象牙塔裡。

雖然擔任經濟學講師,但凱因斯沒有對經濟學進行鑽研,他的學術興趣集中在統計學、機率論上。不過隨著經濟學講師的工作展開,他開始研究經濟學,主要教授的課程是貨幣理論。同時,凱因斯還創辦了政治經濟學俱樂部,擔任了《經濟學雜誌》(*The Economic Journal*) 的主編。

此時的凱因斯在經濟學上的研究並不深入,他多數時候依然遵循馬歇爾的基本觀點:市場主導經濟才是安全的,必須保持貿易自由。

離開老東家之後,凱因斯對印度貨幣、財政、物價仍然保持著高度關注,有時候還會把相關的報告呈送給印度事務部的財政祕書。1913 年,凱因斯將對印度的見解寫成了《印度通貨與金融》(*Indian Currency and Finance*) 一書,也因為這本書,他接受了老上司的邀請,進入皇家印度通貨與財政委員會。於是,凱因斯再別康橋。

1914 年 8 月 2 日,劍橋大學三一學院 (Trinity College) 的院子裡,羅素 (Bertrand Russell) 碰到了步伐匆匆的凱因斯。來不

及與羅素交談的凱因斯直接奔向了自己的妹夫家,讓妹夫用摩托車——當時最快的交通方式將自己送至倫敦。

他收到一封來自財政部的緊急諮詢函,信中寫道:「為了國家利益,需要向凱因斯進行諮詢。」

當時,受奧匈帝國斐迪南大公(Archduke Franz Ferdinand)夫婦遇刺事件衝擊,外國借貸人難以償還英國的債務,造成英國國內的擠兌,短時間內大量黃金流出英國。兩天後,英國向德國宣戰,第一次世界大戰全面爆發。

「一戰」終結了歐洲知識分子對文明世界的美好憧憬。列昂尼德·沃爾夫在其《一切重新開始:1911－1918年間的自傳》中寫道:「塞拉耶佛發出的那一槍,摧毀了我34年生命當中所熟悉的那種文明。」

和平、繁榮與文明之路在哪裡?凱因斯也認為:「1914年8月結束的那個時代是人類經濟發展史上何等不尋常的一個階段。」「一戰」改變了經濟學的歷史,而改寫歷史的人正是凱因斯。當時的凱因斯「想要做一番與戰爭有關的事業」。

02 和會

直覺主義者對突發事件似乎更加敏感與興奮。凱因斯努力在雜誌社寫文章評論當時的時局,他自稱是「對於這些問題有特殊知識而又沒有將來仕途野心的少數人中的一員」,但這些文章

卻讓他獲得直通英國政府白廳的機會。

　　1915年，凱因斯獲得了一份財政部公職。這項任命根據戰爭時間的長短而定，可以理解為「戰時公職人員」。至此，凱因斯正式踏入轟轟烈烈的政治時局之中。

　　在財政部，凱因斯很快受到重用，他被派到法國參與建構盟國間的戰爭信貸制度。各國財政官員約定透過控制貸款與信用授權的方式確保國際匯率的穩定，這讓凱因斯第一次感受到政府干預的重要性。

　　隨著戰事的深入，身邊好友一個個戰死讓他萬分痛苦，財政部與軍方的內鬥也讓他焦躁不安。凱因斯與財政大臣均堅持緊縮財政，以稅收為基礎發債，不過度舉債，以避免通膨和匯率崩盤。他們認為，英國的財政狀況要好於德國，以此可拖垮德國。但是，令他與多數官員沒有想到的是，戰爭陷入了持久僵局。英國軍方渴望迅速解決德國，要求財政部大幅度擴張軍費。凱因斯與財政部無奈做出了妥協。就在英鎊瀕臨崩潰時，美國參戰了，拯救了英國的財政與金融體系。

　　1918年，德軍投降，「一戰」終於結束。凱因斯以英國財政部首席代表的身分參加巴黎和會，他的任務是參與制定德國經濟賠款方案。當時，英美政治菁英基本上形成共識：不能過度制裁德國。美國總統威爾遜和英國首相喬治（David Lloyd George）在會上反覆強調，德國的婦女兒童正在挨餓，如果不立即開放食品救濟，德國將倒向布爾什維克主義（多數主義）。

凱因斯從經濟學的角度提出，對德國的賠款不應該大到足以摧垮德國的生產能力。如果德國喪失出口賺取外匯的能力，德國的匯率會崩盤，可能引發惡性通膨和經濟崩潰。但是，法國代表要求嚴懲德國。為了繞開法國的阻擾，凱因斯偷偷地與德國代表梅爾基奧（Carl Melchior）進行了私下會面。在談判期間與敵國代表私下會面是被嚴格禁止的，凱因斯相當於冒了巨大的政治風險。所幸的是食品救援協議很快達成，大量食品運向德國。

但是，關於賠款數額，眾多協約國始終難以達成一致。其實，最大的阻力來自英國內部。當時英國正值大選，如果誰敢說不讓德國全額賠款而增加英國人的稅收，這位候選人就會成為眾矢之的。

謀求連任的喬治為了爭取民意及各黨派的支持選擇了妥協。喬治的妥協導致堅持溫和賠償方案的財政部被排擠在談判桌外，裁決權落到了戰時特別委員會手上。

英國的菁英政治第一次在狂熱的民粹政治中妥協，這令凱因斯極為失望。他憤而辭職，回到劍橋，繼而病倒了。他將滿腔憤怒——對政治鬥爭以及歐洲赤貧化的無奈與痛恨，寫成了一本小冊子——《和平的經濟後果》（*The Economic Consequences of the Peace*）。

凱因斯在書中發出警告：「如果我們的目的是蓄意讓中歐（主要指德國）貧困化，我可以大膽地預言，中歐的報復心態是不會弱的。」

大家治學

不幸的是,凱因斯的預言成真了。《凡爾賽和約》(*Treaty of Versailles*)通過後,德國經濟崩潰了,極度惡性通膨催生了極端民族主義,釋放出了「納粹主義」這一魔鬼。

「一戰」結束,歐洲大陸重歸和平。殊不知,夕陽落下,大英帝國的世界霸主地位已經漸漸遠去,而英國人花了很長時間才適應這一變化。

1920年,英國經濟復甦緩慢,失業率達到了6%～7%。最初英國人將此認作是戰後的階段性低迷,但兩年後,英國經濟依然在低迷中掙扎,1923年7月,英國的失業人數仍高達130萬人。這時,凱因斯敏銳地意識到,經濟蕭條可能會持續很久。

這讓當時的經濟學家感到困惑。按照馬歇爾學說,自由市場具備調節能力,經濟會自然復甦,那麼,如何解釋當前經濟的持續低迷?凱因斯在《國民週刊》(*The Nation and Athenaeum*)上發表文章,跳出馬歇爾學說,判斷市場失靈了。與凱因斯有類似主張的還有一群年輕的劍橋經濟學家們,如羅賓遜夫人(Joan Robinson)、卡恩(Richard Kahn)等。他們經常在一起討論,開始質疑馬歇爾老師的觀點。與之相對立的是皮古,他發文批評了凱因斯的觀點。在二人的辯論下,自斯密以來的傳統經濟學信仰開始動搖。

凱因斯很快將問題的焦點放在英國政府的匯率政策上。就是否恢復金本位制度和是否恢復到戰前的匯率水準,在當時國內進行著廣泛的討論。工黨內閣與「紙幣發行委員會」的專家們

都支持恢復金本位。皮古認為，恢復金本位有利於恢復倫敦的國際金融領導地位，讓英鎊能重新成為主導貨幣。同樣，他們主張將匯率維持在戰前水準。

但是，凱因斯反對恢復金本位，並且提倡降低匯率、降低利率。

凱因斯認為，當時的英國經濟不如戰前，如果恢復金本位並維持戰前的利率水準，那麼意味著英鎊被高估，不利於出口與就業增加。

1923 年，凱因斯出版了《貨幣改革論》(A Tract on Monetary Reform)。他在書中提出了放棄金本位，還表達了干預主義主張——「國家金融機構公開操縱貨幣系統」具有正當性。

1924 年，凱因斯發表了〈自由放任主義的終結〉(The End of Laissez-Faire) 一文。他寫道：「我們過去所依據的經濟原則建立在自由放任主義和自由競爭的假設基礎之上，而現在我們的社會卻正在迅速地與這類假設相脫離。如果我們繼續把這種經濟原則運用到現實社會中，將是一次不理性的冒險。」這篇文章代表凱因斯與他的老師馬歇爾的學說、傳統經濟學界徹底「決裂」。

凱因斯的治療良方是，透過建立一個中央機構來對貨幣和信用實行審慎的控制。凱因斯建議中央機構主動使英鎊貶值，增加流動性，以刺激經濟復甦。他還呼籲政府要有所作為，讓無數閒置的工廠機器重新開動起來，讓百萬失業工人重新就業。

大家治學

1925 年，邱吉爾（Winston Churchill）對金本位制度做出決策的前夜，他特別將凱因斯邀請到了唐寧街 11 號參加晚宴，聆聽他對金本位的建議。不過，凱因斯的意見終究沒有被採納，英國恢復了金本位制度。隨即，凱因斯洋洋灑灑寫下〈邱吉爾先生政策的經濟後果〉（The Economic Consequences of Mr Churchill）一文。

他預測，恢復金本位會造成英鎊虛高，如此下去，企業為了控制成本，會停止生產投資，隨之而來的將是英國的失業率高漲。其後兩年，凱因斯的預測成真。

但是，當時的經濟學家反對透過貨幣干預實現任何總體經濟之目的。同時，他們認為，透過貨幣干預實現就業之目的是無效的。

自亞當斯密以來，經濟學家堅持「貨幣面紗論」，認為貨幣不過是交易仲介物，不會對經濟產出與就業產生實質影響，因此把貨幣排除在經濟學之外。

此時，凱因斯必須為自己的貨幣干預主張找到理論支撐，推翻貨幣面紗論。他很快找到了這把「利劍」。瑞典經濟學家努特・維克塞爾在西元 1898 年出版了《利息與價格》一書，打破了「貨幣面紗論」。維克塞爾提出累積過程理論，認為貨幣利率對經濟與就業會產生實質性的影響——當貨幣利率等於自然利率時，經濟處於均衡狀態；當貨幣利率低於自然利率時，經濟處於膨脹狀態；當貨幣利率高於自然利率時，經濟處於緊縮狀態。

於是，凱因斯用維克塞爾的貨幣理論來武裝自己的貨幣干預主義。其時，他正在寫《貨幣論》(A Treatise on Money，1930年出版)，建議實行貨幣管理，透過調節利率刺激經濟復甦和就業成長。

讓凱因斯萬分焦慮的還包括當時美國經濟的咆哮式成長和蘇俄布爾什維克革命的成功。一些悲觀主義者認為資本主義終將走向滅亡，布爾什維克或許是一條新出路。在大英帝國衰落、經濟權杖轉移和社會新思潮湧動等歷史環境下，凱因斯比當時多數菁英都更加敏銳——或許這就是英格蘭貴族傳統與直覺主義賦予他的菁英政治家的責任感與遠見卓識。

03 通論

1928 年，正是凱因斯最百感交集的時候，海耶克來了。當時的凱因斯已名滿天下，但海耶克還是奧地利籍籍無名的後輩。從情感上，海耶克視凱因斯為「我們中歐人的英雄」，因為凱因斯在巴黎和會上為德國和奧地利發聲。但是，在學術上，海耶克與凱因斯針鋒相對。

倫敦經濟學院年輕教授羅賓斯 (Lionel Robbins) 發起了挑戰，安排海耶克在一次倫敦經濟會議上與凱因斯進行辯論。羅賓斯教授一直反對凱因斯，碰巧他讀過海耶克的〈儲蓄悖論〉(The Paradox of Savings)，發覺這篇文章可以在理論上挑戰凱因斯。

這場會議快結束時，這兩位看似彬彬有禮的紳士開始了激烈爭論。當時，海耶克不過是無名小卒，而且他的英語說得很差，但是他有備而來。也許在他看來，這只是一場普通的辯論，但在經濟學歷史上，這是影響最為深遠的一場辯論——此後近百年裡，自由主義與干預主義的辯論一直沒有停歇。

高手過招，掌握關鍵，兩人的辯論從維克塞爾的貨幣理論開始。海耶克後來回憶說，他清楚地記得，「我們馬上就展開了兩人之間的第一次辯論，衝突的主題是利率變化的有效性」。有意思的是，二人理論同源，都認為貨幣對經濟實際產出有影響，但是結論截然相反。凱因斯認為可以透過調整利率來創造需求、增加產出。但是，海耶克反駁，如果增加貨幣供給來創造需求，那麼一部分資源會被錯誤引導，有可能種下新一場經濟危機的種子。凱因斯以美國經濟快速成長為例說明信用擴張的作用，但是海耶克正好去美國考察了一年，他反駁，美國信用擴張帶來的成長不可持續。

由於維克塞爾與奧地利學派有淵源，海耶克對維克塞爾的理論更加熟悉。而且，海耶克藉助了奧地利學派博姆-巴維克的間接生產理論，以及與米塞斯共同開創的景氣循環理論，反駁了凱因斯的貨幣干預主義。

凱因斯意識到他必須尋找更加可靠的理論來支撐其干預主義主張。而且，一些經濟學家將凱因斯視為社會主義的變種——這是凱因斯不能容忍的。於是，在經過幾個回合的較量

後，凱因斯讓其追隨者斯法拉負責回擊海耶克，自己與首席助手卡恩一起繼續研究理論。

1929年10月29日，華爾街股市的暴跌喊停了上半年的虛假繁榮。大危機以摧枯拉朽之勢重創全球經濟，同時開啟了延續多年的大蕭條。

20世紀上半葉的經濟學，猶如同期的物理學，其「均衡的完美的」大廈上空覆蓋了兩朵烏雲：一朵是「一戰」，另一朵是大蕭條。

「一戰」以及「一戰」後英國經濟持續蕭條只是讓傳統經濟學家困惑，而大蕭條徹底摧毀了他們的信仰。市場失靈了，社會崩潰了，人類重回無盡長夜，斯密所說的和平與繁榮在哪裡？

大蕭條是干預主義歷史性的試驗場。但是，全球大破產、大失業、大饑荒與大動亂，讓凱因斯感到痛苦與焦躁。更可怕的是，部分盲目的知識分子與經濟學家把法西斯主義和其他激進主義當作醫治失業的良方。

凱因斯迅速投入到了抵抗時代洪流的隊伍之中。英國成立了「麥克米蘭金融和工業委員會」，讓凱因斯帶領一群經濟學家對英國經濟病因進行診斷。大蕭條期間，他奔走於英國與美國高層，勸誡政府擴張財政與貨幣，投資基建，鼓勵消費，緩解失業，恢復經濟。

1931年的一天，當英國家庭婦女開啟收音機，便可聽到一

個經濟學家在廣播裡大力號召：請你們明天一早就上街去，注意那些到處吸引我們的廣告，那些價格令人驚嘆的拋售，它們便宜得讓你難以想像。你的消費能夠提供更多就業，讓國家有更多的財富。

這位經濟學家便是凱因斯。

1931年，凱因斯訪問芝加哥大學時，他的干預政策在芝加哥得到了大量的支持。1933年，美國總統羅斯福推行新政，而他所推行的新政似乎就是凱因斯主張的最佳實踐版本。新政的靈感到底是源自蘇聯計劃主義還是凱因斯主義，不容易考證。但是可以確定的是，凱因斯曾向羅斯福推銷過干預主義。

1936年，當恐慌與絕望情緒瀰漫每個國家、政府與家庭時，凱因斯出版了《就業、利息和貨幣的一般理論》（以下簡稱《通論》）。《通論》最大的特點是，凱因斯為干預主義找到了理論基礎。凱因斯用三大心理定律（邊際消費傾向遞減、資本邊際效率傾向下降、流動性偏好）論證有效需求不足，進而論證市場失靈，最後推出干預主義。

這部作品為迷茫悲觀的經濟學界帶來了一束陽光，經濟學家們為之震驚，紛紛拋棄馬歇爾學說，轉投凱因斯的門下。歐美各國政治家如獲至寶，似乎找到了干預經濟的正當性，手持《通論》競選上臺。

1939年，《和平的經濟後果》中的預言實現了，希特勒命德軍入侵波蘭，「二戰」爆發。凱因斯再次被聘請回英國政府，擔

任財政部顧問，並以金融財政外交官的身分與美國人周旋、合作，向美國籌借戰爭款。

1942年6月11日，英國國王生日當天，凱因斯被封為勳爵。

1944年，法西斯敗局已定，美國召集眾多國家在布列敦森林鎮召開會議，商討建構戰後國際金融與貿易秩序。此時，凱因斯以英國財政部代表身分參與會議，並提出了凱因斯方案。但是，會議接受了美國財政部長助理哈里·懷特（Harry White）的方案。

不過，凱因斯另外還提出建立世界銀行和國際貨幣基金組織，並參與建構了沿用至今的國際金融秩序。

布列敦森林協議奠定了美元作為世界貨幣的統治地位，美國從英國手上接過了世界金融權杖，凱因斯成為大英帝國走向衰落的見證者。

1946年4月21日，復活節的清晨，凱因斯因心臟病離世。英國給予了他國葬般的待遇，追悼會由當時的首相艾德禮（Clement Richard Attlee）主持，在西敏寺舉辦，參加追悼會的人包括大部分內閣成員、劍橋的同事們，還有美國大使。

04 門徒

世界剛剛迎來久違的和平，凱因斯便驟然離世。不過，「凱因斯革命」才剛剛開始。此後20多年，凱因斯主義成功統治了

主流經濟學界和歐美最高經濟決策部門。

在英國，在凱因斯的大本營劍橋大學，他的支持者和同事們，包括羅賓遜夫人、斯拉法、卡恩等人，將凱因斯學說與李嘉圖古典主義相結合形成了新劍橋學派。新劍橋學派一直以凱因斯正統學說自居，他們反對、蔑視漢森和薩繆森領導的美國凱因斯學派。但是，世界經濟中心已轉移到美國，美國經濟學界也成功地接過了凱因斯的衣缽。

在美國，阿爾文·漢森（Alvin Harvey Hansen）是在美國傳播凱因斯思想的第一代經濟學家。漢森早年信奉賽伊定理，與當時的眾多經濟學家類似，他的信仰被大蕭條碾碎了。當他接觸到《通論》後，則完全倒向了凱因斯。漢森專門撰寫了一本《凱因斯導讀》（*A Guide To Keynes*），逐章詳細解釋《通論》，在1950年代，學生幾乎都是透過這本導讀來學習凱因斯主義的。

身為美國政府經濟顧問和聯邦準備理事會特別經濟顧問，漢森想辦法將凱因斯主義引入美國最高決策層。1939年5月，漢森被邀請在美國經濟臨時委員會成立前做證，他利用這個機會闡述凱因斯對大蕭條的分析。1946年，美國政府發表了漢森起草的就業法案。這一法案以法律的形式將美國政府的最高目標與凱因斯主義的根本宗旨——充分就業高度捆綁。同時，漢森特別敦促通過該法案創立經濟顧問團，為職業經濟學家入駐白宮開闢了道路。

漢森一生致力於傳播與發展凱因斯主義，被稱為「美國凱因

斯」。更重要的是，他還是一位傑出的教師，他教出了一位得意門生——保羅·薩繆森（Paul Anthony Samuelson）。

薩繆森與恩師一同將凱因斯主義與馬歇爾新古典主義融合，形成了新古典綜合派，也叫麻省理工學派。他擔任過美國經濟計量學會、經濟學學會、國際經濟學聯合會、甘迺迪總統以及聯邦委員會和財政部的經濟顧問。在他的帶領下，美國湧現了一大批凱因斯主義者，包括托賓（James Tobin）、索洛（Robert Solow）、阿羅（Kenneth Arrow）、克萊因（Lawrence Klein）、海勒（Walter Heller）、奧肯（Arthur Okun）等，還有來自英國的希克斯（John Hicks）和米德（James Meade）。

這群人按照漢森鋪陳的道路順利進入白宮，將凱因斯主義政治化。民主黨人甘迺迪是「當之無愧的第一任凱因斯主義總統」，他將托賓、海勒等經濟學者納入總統經濟顧問委員會。甘迺迪遇刺後，詹森（Lyndon Baines Johnson）總統繼承了他的政治遺產，更是不遺餘力地實施凱因斯式經濟政策以實現其社會理想。繼任者尼克森總統也稱：「現在我在經濟方面是凱因斯主義者了。」

新古典綜合派的理論大旗——菲利普曲線（Phillips Curve），成為了美國政府實現充分就業的政策工具。據新凱因斯主義主要代表之一阿克洛夫（George Akerlof）回憶，1964 年，他在麻省理工學院選修了薩繆森的貨幣理論課程。

薩繆森在課堂上說，艾森豪（Dwight David Eisenhower）總

統的經濟顧問雷蒙‧索尼耶（Raymond J.Saulnier）曾提出以下建議：在短期，以高通貨膨脹率為代價來實現低失業率是可行的。

1965年12月，《時代》（Time）雜誌將「年度人物」的殊榮頒給了凱因斯。《時代》盛讚凱因斯：「華盛頓制定國家經濟政策的人們，利用凱因斯主義的原則，不光避免了戰前歲月的暴力循環，還實現了驚人的經濟成長和極其穩定的物價。」

薩繆森則在1950、1960年代的主流經濟學界幾乎是神一樣的存在，在1970年成為了第一個獲得了諾貝爾經濟學獎的美國人。然而，這是他學術生涯最後的榮耀時刻，因為這時的美元幣值搖搖欲墜，美國通貨膨脹風險一觸即發。

1973年世界石油危機爆發，美國通膨率和失業率齊飛，菲利普曲線失靈。薩繆森借用了英國政治家發明的新詞「停滯性通膨」來描述當時的經濟現象，但無法對其作出解釋。美國政府管控物價如提油救火，聯準會患得患失，薩繆森無計可施，凱因斯主義跌落神壇，猶如斯密學說和賽伊學說一般在大蕭條時期崩盤。

這時，長期被凱因斯主義者壓制的自由主義經濟學家，如海耶克、科斯、傅利曼、斯蒂格勒（George Stigler）、小盧卡斯（Robert Lucas Jr.）、拉弗（Arthur Laffer）等開始紛紛站出來抨擊凱因斯主義。他們以芝加哥大學為大本營，掀起了新自由主義浪潮，經濟學進入了百花齊放、百家爭鳴的時代。

其中，傅利曼對凱因斯主義的打擊是釜底抽薪般的。傅利

曼為「新政」工作，是一位「徹底的凱因斯主義者」。但是，他後來用凱因斯喜歡的統計學和恆常所得假說擊潰了凱因斯有效需求不足理論的三大心理規律。

1976 年，傅利曼也獲得了諾貝爾經濟學獎。在獲獎演講時，他又用貨幣中性理論與自然事業理論對菲利普曲線進行迎頭痛擊，打倒了薩繆森新古典綜合學派的理論大旗。

1980 年，美國總統大選，雷根打著供給面學派減稅的旗幟上臺，宣稱拋棄了需求經濟學 —— 凱因斯主義。雷根任用了一大批自由主義學者，包括傅利曼、拉弗、伯恩斯（Arthur Frank Burns）、舒茲（George Shultz）、斯托克曼、葛林斯潘等，終結了凱因斯主義對白宮經濟政策的長期統治。在雷根時代，沃克控制了聯準會，他拋棄了凱因斯主義的貨幣操作原則，採納了傅利曼的貨幣主義主張，用減少貨幣數量來控制通膨。

雷根革命與沃克改革取得了成功，從 1982 年冬天開始創造了美國自「二戰」以來最長久的經濟景氣週期。這是新自由主義的勝利。那麼，凱因斯主義徹底被歷史遺忘了嗎？

2000 年，曾有人問經濟學家加爾布雷斯（John Galbraith）：凱因斯時代是否已經一去不復返了？加爾布雷斯宣稱：「只要再來上一場經濟衰退 —— 這很有可能發生，我們就會回過頭去。」

2008 年金融危機爆發，《時代》週刊以「凱因斯復出」為題，歡迎老男孩的回歸。史迪格里茲（Joseph Stiglitz）、克魯格曼、

大家治學

阿克洛夫（George Akerlof）、席勒（Robert Shiller）等新凱因斯主義者登上歷史舞臺，聯準會主席柏南奇開啟了前所未有的量化寬鬆政策。然而貨幣海嘯席捲全球，覆水難收，高負債與高通膨隱患重重。「凱因斯」何以復出？

薩繆森曾說過一句話：「我不在乎誰為一個國家制定法律，誰為它起草條約——只要由我來寫經濟學教科書就行。」沒錯，凱因斯主義從來都沒有退出歷史的舞臺。薩繆森編寫的《經濟學》教科書幾乎滲透到每一個國家的大學課堂。他有資本說：「當你們談論當代經濟學時，你們在談論我。」某種程度上說，在大學認真學習經濟學的人，或多或少都是凱因斯主義者。

薩繆森沒有委任世界各國財政與貨幣主管機關領導的權力，但是他的教科書以及麻省理工學派，源源不斷地向全球各國央行輸送行長候選人。如今，全球90％的央行行長均為新凱因斯主義者。聯準會前副主席費希爾被稱為「央行之父」。他曾是麻省理工學院經濟系主任，後來分別擔任了以色列行長、世界銀行首席經濟學家及聯準會副主席。聯準會前主席柏南奇、歐洲央行前行長和義大利央行前行長馬力歐·德拉吉（Mario Draghi），均出自麻省理工經濟系。

如此，只要危機來臨，「凱因斯」就能重現江湖。

05 遺產

如何評價凱因斯？

凱因斯所處的時代是近代文明岌岌可危的時代。在短短30年間，世界爆發了兩次毀滅性的戰爭和一次空前的大蕭條，法西斯主義與極端運動快速地將世界拽進衰退之路。凱因斯、海耶克為阻止世界經濟長久陷入衰退提供了有力的理論工具，在這一點上，凱因斯與海耶克是一致的。「二戰」時期，德軍空襲倫敦，二人在劍橋大學也曾「並肩作戰」。不同的是，海耶克始終以一位學者的身分在吶喊，避免人類思想出現滑坡，而凱因斯始終以政治家的身分在奔波與籌謀。

回顧凱因斯一生，從「一戰」時處理財政工作，到參加戰後的巴黎和會以及撰寫《和平的經濟後果》，戰後為英國經濟復甦建言，再到大蕭條獻計獻策以及撰寫《通論》，「二戰」時再度接手財政工作以及參與重構戰後金融秩序，他被深深地捲入到時代洪流之中。

在這股波瀾壯闊又危機重重的時代洪流中，凱因斯扮演著一位政治菁英的角色，他演講、寫作、辯論、開會、談判、呼籲，抵禦極端思潮，抗擊法西斯，捍衛和平，守衛文明。

從政治角度來說，凱因斯是一位偉大的鬥士，一位傑出的政治家。管理學家彼得・杜拉克（Peter Drucker）對他的評價是中肯的：「在這個魔力體系中，能夠使願望最大化的領域仍舊是政治

領域。在政治領域，凱因斯的經濟政策是最有成效的，也是最傑出的，而且使最不可能的成為可能、最不合理的重新合理。」

更準確地說，凱因斯是一位保持著英格蘭貴族傳統的菁英政治家。他秉承著直覺主義中的道德感與責任感，痛恨巴黎和會上英格蘭菁英政治的淪落以及民粹政治的妥協與討好。這是凱因斯優秀的政治遺產。

從經濟學的角度來說，凱因斯猶如一隻「薛丁格的貓」。他不認同馬歇爾的學說，打破了新古典主義的「完美均衡體系」，將貨幣與制度（政府）納入經濟學範疇，將經濟學推入到宏觀視角之下。這是歷史性的進步。

但是，在經濟體系建構方面，凱因斯開啟了潘朵拉的盒子，釋放了貨幣與權力兩把武器，卻沒能很好地控制兩者。凱因斯試圖讓菁英政治家來駕馭這兩把武器。在這方面，杜拉克洞察到了。他指出，正統經濟學中的經濟體制像一個沒有摩擦力的自然運行的機械，而凱因斯的體制猶如一塊優質而又精美的鐘錶，但它仍舊是由人類的鐘錶匠製成的。凱因斯希望由學者型的菁英政治家來擔任鐘錶匠，而不是一群野心勃勃的政客與政治投機主義者。他在布列敦森林會議上主張建構的國際貨幣與信用機構是一個不受政治控制的機構，一個由經濟統計學家組成的國際團體。

但是，不論在學術上，還是政治上，凱因斯的菁英政治理想都破產了。在學術上，傅利曼的經濟邏輯擊潰了三大心理定

律。漢森、薩繆森、希克斯等凱因斯門徒建構了一座精美絕倫的大廈，但是他們試圖為這座大廈填補的微觀理論根基以及外表富麗堂皇的裝潢，在邏輯面前均不堪一擊。

凱因斯本質上是一位政治家，他始終將學術研究作為實現政治目標的工具──以三大心理定律論證有效需求不足，推導出市場失靈和政府干預的必要性，最終實現政治目標──充分就業，拯救國家與文明。凱因斯與生俱來的直覺主義使他具有菁英政治家的道德感，能夠應時而變與高瞻遠矚。但是，直覺主義是經濟學家與學術研究的天敵，學術是建立在邏輯主義和理性主義基礎之上的。

在政治上，凱因斯的菁英政治也隨著時代沉淪了。其實，傅利曼是最了解凱因斯的人，也是最最大化實現了凱因斯理想的人。傅利曼和沃克共同推動了聯準會的獨立，將聯準會塑造為一個由經濟學家決策的菁英組織。然而，一場危機來臨，凱因斯的菁英政治與傅利曼的貨幣主義分崩離析。

「控制了國民經濟的政府不可避免地控制了國民的靈魂，這是一條古老的公理。」[23] 凱因斯曾說過，「生活在現實中的人，通常自認為能夠完全免除於知識的影響，其實往往都還是某些已故經濟學家的奴隸。」凱因斯自負了，他的追隨者們沒有成為他的奴隸，拋棄了他優秀的政治遺產，利用了他糟糕的學術遺

---

[23] 彼得．F.杜拉克.管理的新角色：社會生態學視野下的美國[M].王灝，譯.北京：華夏出版社，2011.

產，以使自己達到成為「庸俗經濟學家」的政治目的。

如今的凱因斯主義者 —— 那群野心勃勃的、討好民粹政治的投機主義者 —— 美國貨幣及財政當局官員，是凱因斯一生中最為痛恨的那群政客。

凱因斯，一位誤入經濟學之門的偉大正直的菁英政治家。

致敬約翰‧梅納德‧凱因斯！

參考文獻

(1) 羅伯特‧斯基德爾斯基。凱因斯傳 [M]。相藍欣、儲英，譯。上海：生活‧讀書‧新知三聯書店，2015。

(2) 約翰‧梅納德‧凱因斯。和約的經濟後果 [M]。張軍、賈曉屹，譯。北京：華夏出版社，2008。

(3) 約翰‧梅納德‧凱因斯。貨幣改革論 [M]。方福前，譯。北京：商務印書館，2020。

(4) 約翰‧梅納德‧凱因斯。凱因斯文集 [M]。王雅悅，譯。南京：江蘇人民出版社，1998。

(5) R.F. 哈羅德。凱因斯傳 [M]。北京：商務印書館，1993。

(6) 維克塞爾。利息與價格 [M]。蔡受百，譯。北京：商務印書館，1997。

(7) 尼古拉斯‧韋普肖特。海耶克大戰凱因斯 [M]。閻佳，譯。北京：機械工業出版社，2013。

(8) 約翰‧梅納德‧凱因斯。就業、利息和貨幣的一般理論 [M]。高鴻業,譯. 北京:商務印書館,1999。

(9) 清和。我們搞砸了經濟學 [M]。北京:電子工業出版社,2021。

(10) 彼得‧F. 杜拉克。管理的新角色:社會生態學視野下的美國 [M]。王灝,譯。北京:華夏出版社,2011。

國家圖書館出版品預行編目資料

灰犀牛來襲！全球經濟風暴中的槓桿真相：貨幣政策、制度缺陷、經濟風險……在債務風暴與貨幣操控中看穿金融真相 / 智本社 著. -- 第一版. -- 臺北市：沐燁文化事業有限公司，2024.11
面；　公分
POD 版
ISBN 978-626-7557-89-1(平裝)
1.CST: 國際經濟 2.CST: 經濟發展
552.1　　113017145

電子書購買

爽讀 APP

灰犀牛來襲！全球經濟風暴中的槓桿真相：貨幣政策、制度缺陷、經濟風險……在債務風暴與貨幣操控中看穿金融真相

臉書

作　　者：智本社
發 行 人：黃振庭
出 版 者：沐燁文化事業有限公司
發 行 者：沐燁文化事業有限公司
E - m a i l：sonbookservice@gmail.com
粉 絲 頁：https://www.facebook.com/sonbookss
網　　址：https://sonbook.net/
地　　址：台北市中正區重慶南路一段 61 號 8 樓
Rm. 815, 8F., No.61, Sec. 1, Chongqing S. Rd., Zhongzheng Dist., Taipei City 100, Taiwan
電　　話：(02) 2370-3310　　傳　　真：(02) 2388-1990
印　　刷：京峯數位服務有限公司
律師顧問：廣華律師事務所 張珮琦律師

-版權聲明

本書版權為中國經濟出版社所有授權崧博出版事業有限公司獨家發行電子書及繁體書繁體字版。若有其他相關權利及授權需求請與本公司聯繫。
未經書面許可，不得複製、發行。

定　　價：399 元
發行日期：2024 年 11 月第一版
◎本書以 POD 印製
Design Assets from Freepik.com